8,90

DIE VIER ELEMENTE

FEUER

Claudia van der Sluis

DIE VIER ELEMENTE

TEIL 3

DAS ELEMENT FEUER

IRIS
Bücher & mehr

Hinweis des Verlages:
Die Empfehlungen, Behandlungsmethoden, Informationen, Übungen, Rezepte, Aussagen usw. in diesem Buch wurden von der Autorin und dem Verlag mit größter Sorgfalt geprüft. Die Autorin und der Verlag übernehmen jedoch keinerlei Haftung für eventuelle Schäden, die durch den Gebrauch oder Mißbrauch der Informationen in diesem Buch entstehen. Die Informationen in diesem Buch sind für Interessierte gedacht und sind nicht als Therapie- und Diagnoseanweisung im medizinischen Sinne zu verstehen.

ISBN 90-6361-020-3-X

Die Originalausgabe erschien unter dem Titel:
Vuur – De Vier Elementenreeks, Deel 3

Weitere Informationen über unsere Titel:
www.irisbuch.com

Umschlaggestaltung: Studio Paul C. Pollmann
Satz und Layout: Rufus C. Camphausen
Übersetzung aus dem Niederländischen: Jolanda ter Berg

INHALT

VORWORT

Ein wundervolles Bild für das Element Feuer ist das des mythischen Feuervogels Phönix, ein Jahrhunderte altes Symbol der Wiedergeburt. Der Legende nach lebt der bunte, glitzernde Phönix in all seiner Pracht in der Wüste. Alle fünfhundert Jahre stürzt er sich in ein Feuer, um sich selbst zu verbrennen. Jedesmal aufersteht er aus der Asche wieder in neuer herrlicher Pracht. Symbolisch steht der Phönix so auch für den Gedanken, daß alte Strukturen ab und zu vernichtet werden müssen, um geläutert wieder neu zu erstehen.
Uns Menschen fällt es schwer, loszulassen. Loslassen geht immer mit Kummer und Leid einher, besonders wenn es um persönliche Beziehungen oder die Arbeit geht. Die Redewendung *Kein Wachstum ohne Schmerzen*, zeigt, daß ein Entwicklungsprozeß immer auch ein mühsames (und schmerzvolles) Loslassen vom Alten bedeutet. Ein eigenes Leben zu führen, einen eigenen Charakter zu entwickeln, zu lernen und so auch Veränderungen in Gang zu setzen, dazu bedarf es Mut und Willenskraft. Und letzteres ist eine der wesentlichen Qualitäten des Elements Feuer.
Immer wenn Sie in Ihrem Leben eine neue Richtung einschlagen, werden Sie merken, daß eine drängende Kraft zum Vorschein kommt, die Sie meist nicht erwartet hätten, die Kraft des Feuers. Als ob das Leben selbst für Sie beschließt, daß nun mal Action angesagt ist. Es kann dann aber auch geschehen, daß Sie sich vergaloppieren, mit zuviel Energie und Begeisterung zu Werke gehen, so daß Sie, bzw. Ihre Sicherungen ‚im wahrsten Sinne des Wortes durchzubrennen drohen. Feuer ist ein Synonym für Liebe und Leidenschaft. Es gehört zur Sexualität und verbindet männliche und weibliche Elemente, das Dunkle und das Helle, die Sonne und den Mond. Feuer gehört zu Einweihungen, Festen und Übergangssituationen. Ebenso wie die anderen Elemente Wasser, Luft und Erde brauchen wir das Feuer. Es ist in uns und um uns herum.
Kein Mensch geht ohne Veränderungen, Transformationen durchs Leben. Fast unser ganzes Leben besteht aus Veränderungen. In gewissem Sinn sind wir alle Phönixe: Wir erstehen immer neu aus unserer eigenen Asche.

Claudia van der Sluis

HINTERGRÜNDE ZUM ELEMENT FEUER

Erde ist fest, Wasser ist flüssig, Luft ist unfaßbar, Feuer ist versengend, vernichtend und verändernd. Wir brauchen es, um uns daran zu wärmen und darauf zu kochen und zu backen. Feuer ist so gesehen ein Luxus, es dient unserer Bequemlichkeit. Sobald Sie es nicht mehr haben, wird es kaum vermißt. Wer es zu lange brennen läßt, erfährt aber auch, welche gefährliche Energien es enthält. Sie sollten also immer ganz bewußt vernünftig damit umgehen. Wenn Sie ein Feuer richtig nutzen und es als reinigende und aufbauende Kraft betrachten, dann können Sie viel damit erreichen.

Feuer und die anderen Elemente

Von den vier Elementen ist Feuer eines der drei beweglichen und das flüchtigste. Feuer ist eine Transformationsform. Um zu existieren braucht dieses Element mindestens zwei weitere: Luft (Sauerstoff), ohne die gar nichts brennt und einen flüssigen Stoff oder feste Materie.

Feuer zieht seine Energie aus dem Material, von welchem es schmarotzt. Alles Material kehrt, nachdem es entsprechend lange dem Feuer oder versengender Hitze ausgesetzt war, zu Asche und Staub zurück. Die Asche aus Ihrem Kamin kann nicht mehr brennen, da alle brennbaren Energien und die Luft schon aus ihr herausgeholt sind.

Farbe, Form oder Hitze einer Flamme sind nie gleich. Das hängt jeweils von dem Stoff ab, der in Brand gesteckt wurde. Plastik hat beispielsweise eine bläuliche Flamme, Holz brennt orange-gelb. Je dunkler die Flamme, desto heißer ist sie. Das beste Beispiel ist die Sonne: Manche Flecken dieses Feuerballs sind so heiß, daß sie anstatt rot, gelb oder orange ganz dunkel, fast schwarz erscheinen.

Jedes Feuer erlischt früher oder später. Alles wandelt sich faktisch in Richtung einer vollkommenen elementaren Harmonie um.

Zwei Elemente können in ein Drittes transformieren. Wasser kann sich durch Feuer nicht auflösen, wohl aber verdampfen, wodurch es zu Luft wird. Feuer kann mit Hilfe von Luft oder ähnlichem (Gase) aufflammen. Es kann auch flüssige Stoffe, die dem Element Wasser zugehören, entflammen. Und mit Hilfe von Wasser oder Staub, welcher zum Element Erde gehört, kann man Feuer löschen.

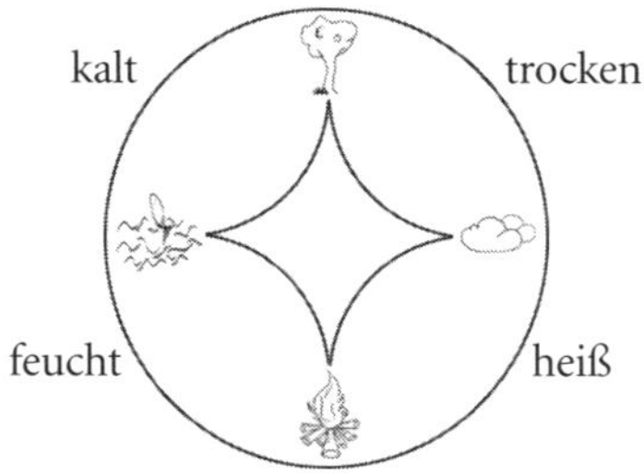

Ähnlichkeiten zwischen Feuer, Erde und dem Menschen

Unser Leben auf Erden ähnelt dem Planeten selbst mit seinen Bergen und Tälern. Mal die höchsten Höhen und dann wieder die tiefsten Täler. Mancherorts ist es brüllend heiß, anderenorts wieder eiskalt. Mal sitzen wir ganz oben und haben alles im Blick, die Chancen liegen zum Greifen nah und es scheint, als ob die Sonne ewig schiene. Dann wieder liegen wir am Boden, alles ist schwierig und dunkel.

Die mühseligen Fortschritte in unserem Leben haben offenbar ihren Sinn. Es ist beispielsweise auffällig, wie oft wir im Leben derselben Art Menschen begegnen, in ähnliche Situationen geraten. Wir glauben zwar immer gerne, daß wir allesamt einzigartig sind, aber wir sind eigentlich alle nur Spiegel des anderen. In der einen Situation fördert jemand vielleicht Ihr bösestes Inneres an die Oberfläche, während eine andere Person, die fast wie eine Kopie der ersten erscheint und die Sie fünf Jahre später treffen, Ihr bester Freund wird. Die Menschen in Ihrem Leben konfrontieren Sie immer wieder mit unterschiedlichen Aspekten Ihres eigenen Charakters.
Es lohnt die Mühe, einmal zu betrachten, welche Personen in Ihrem Leben anderen gleichen und in welchen Situationen sie jeweils auftauchen bzw. aufgetaucht sind. Daraus können Sie einiges lernen, z.B. daß Sie mit den eigenen Charakterzügen in Relation zu den unterschiedlichen Rollenkombi-

nationen umzugehen lernen: Mutter/Vater, Schwester/Bruder, Tochter/-Sohn, Arbeitnehmerin/Arbeitnehmer, Freundin/Freund, Frau/Mann, Liebende/Liebender etc. Auf diese Weise lernen Sie sich selbst zu verstehen. Es ist, also ob Sie in Ihrem Leben immer wieder Reinkarnationen begegnen, als ob Sie mit den gemachten Erfahrungen (die Sie oft genug wieder vergessen, die aber dennoch präsent bleiben) lernen, auf höherem Niveau zu agieren und jedesmal eine Stufe höher zu steigen.
Der Mensch ist ein wahrer Künstler der individuellen Gehirnwäsche. Schnell ist ein Grund gefunden, um die eigenen Handlungen schön zu reden und sich nicht mehr mit ihren Folgen aufhalten zu müssen. Auf diese Weise drehen Sie Runde für Runde im Lebensrad und sind erstaunt, daß immer wieder dieselben Menschen und Situationen wiederkehren. Und am Schluß verbittern Sie im schlimmsten Fall darüber.
Wenn Sie es aber wagen, die Sache anzugehen und nicht die Konfrontation mit Ihren tiefsten Tiefen scheuen – dann brauchen Sie tatsächlich eine Menge Feuer: Energie also, Leidenschaft, Willenskraft. Feuer treibt Sie an, zu wagen und zu verändern. Sie treten Ihren dunklen Seiten gegenüber und lernen damit umzugehen, in vielen Fällen sogar, sie zu überwinden.

Dieser Kampf findet sich in den Mythen dieser Welt als Reisen in die Unterwelt wieder. Die Überwindung Ihrer tiefsten dunkelsten Beweggründe, die Konfrontationen mit Enttäuschungen, Kummer und Elend. Alle Elemente spielen in diesem Prozeß eine wichtige Rolle. Sie brauchen Erde als feste Basis, Luft, um die Gedanken zu denken und zu verbinden, und Wasser, um zu fühlen und allem einen Stellenwert zu geben. Alles, was Sie nicht mehr benötigen, können Sie im Feuer verbrennen. Aber ebenso brauchen Sie die Flammen des Feuers, um überhaupt soweit zu kommen, daß Sie den ganzen alten Krempel vernichten wollen.
Im Grunde läuft es darauf hinaus, daß unser Leben auf Erden, das eine Suche nach dem passenden Weg ist, ein immerwährender Kampf gegen die dunklen Seiten unserer Persönlichkeit ist. Feuer hilft zu unterscheiden und zu reinigen, so daß die Basis, die Erde, wieder fruchtbar wird.

Norden, Osten, Süden, Westen...
Feuer gehört zum Süden und zum Sommer, der Zeit der Wärme. Die Qualitäten des Feuers sind Veränderung, Leidenschaft, Energie, Kreativität, Willenskraft, Licht, Hitze, Kraft, Reinigung und das Sehen. Feuermenschen können andere mit ihrer Energie anstecken und zu Taten bewegen. Während die Erdzeichen als Erbauer der Welt gesehen werden, da sie konkrete Gedanken in die Praxis umsetzen, die Luftzeichen sich alles Mögliche ausdenken, welches später einmal realisiert werden könnte, sind die Feuerzeichen es, welche die Dinge wirklich in Gang bringen. Diese Fähigkeit dauert jedoch nicht ewig und brennt schließlich aus. Feuerzeichen haben auch einen vernichtenden Aspekt. Damit zerstören sie das Alte und machen Platz für das Neue. Sie stehen für Regeneration und Erneuerung.

DIE GESCHICHTE DER ELEMENTE

Seit die Menschen existieren, ehren sie in der ganzen Welt Erde, Luft, Feuer und Wasser in Ritualen und Gebräuchen. Mit den alten Griechen änderte sich dies aber. Ihr Einfluß auf die Weltgeschichte ist kaum zu unterschätzen.
(In den Büchern über die Element *Erde*, *Wasser* und *Luft* werden andere Perioden in der Geschichte der Elemente behandelt).

Die Griechen

Die Griechen waren vermutlich die ersten, welche sich die Frage stellten, woraus alles entstanden sei. Mit dieser Frage kam es zu einer Trennung zwischen Religion und Wissenschaft. Allerlei Theorien entstanden, darunter auch die des Philosophen Heraklit von Ephesus (ca. 540 - 480 v.Chr.). Er war geradezu gefesselt von den faszinierenden Eigenschaften des Feuers.

Panta rhei (alles fließt), so erklärte Heraklit die natürlichen Prozesse, über die sich damals jeder den Kopf zerbrach. Dieser Gedanke scheint auch noch für das heutige westliche Denken eine Grundlage zu sein. Aber auch daß Feuer für Veränderung sorgt, was mit der Idee, daß alles fließt zusammenhängt, fußt auf dieser Theorie.
Es ist ein Faktum, daß sich alle Sinne auf ein gemeinsames Ziel ausrichten, wenn Sie mit bestimmten Gedanken intensiv befaßt sind. Synchronizität nannte Carl Gustav Jung das 2500 Jahre später. Zweifellos unterlag auch Heraklit der Synchronizität, als seine Aufmerksamkeit erst einmal von der Faszination des Feuers gefangen war.
Er beobachtete das Erblühen der Blumen und der Liebe im Sommer als Folge der Sonnenwärme. Er wußte, daß Umwandlungen oft mit der Einwirkung großer Hitze zu tun haben, wodurch etwa Sand zu Glas wird oder Metalle zu einem neuen Metall verschmelzen. Und so gelangte der feurige Grieche zu folgender Schlußfolgerung: 'Der Kosmos hat eine Ordnung und eine Struktur, die durch das Feuer erhalten wird.' Seine Argumente wurden von den Zeitgenossen höhnisch verlacht. Feuer kann nicht das einzige sein, behaupteten sie.
'Heraklit, wie verhält es sich denn mit dem Wasser, das wir trinken müssen und die Luft, die wir atmen müssen, um zu leben? Und wo wären wir, wenn wir keine Nahrung mehr haben, wenn Mutter Erde uns kein Getreide, keine Früchte, Gemüse und Fleisch mehr schenkt?'
'Wer weiß, vielleicht gibt es noch ganz andere Dinge, an die wir jetzt noch gar nicht gedacht haben' könnte jemand anderer in der Nachfolge der Gedanken Anaximanders gesagt haben, der lange zuvor gelebt hatte und davon ausging, es gäbe eine göttliche Quelle, aus der alles entstanden sei.

Aber Heraklit hielt getreu dem Feuercharakter an seinem Standpunkt fest. 'Es ist doch gar nicht schwer, zu erkennen, daß ich recht habe,' mag er seinen Zuhörer geantwortet haben. 'Fühlt die Energie. Erfahrt die Fähigkeit der Gewächse, zu wachsen. Seht die Gewalt, die mit Kriegen einher geht. Betrachtet die Tatkraft, die nötig ist, das Unvorstellbare zu erreichen. Denkt daran, was geschieht, wenn Ihr zuviel Wein getrunken

habt. Fühlt die feurige Leidenschaft, die euch treibt, wenn Ihr eine schöne Frau begehrt...'
Feuer hat eine ganz besondere Fähigkeit, mit der es alles und jeden trifft. Nichts bleibt durch Feuer dasselbe...

Empedokles übernahm die Fackel von Heraklit und entwickelte seine eigenen Theorien. Auf Basis der Thesen seines Vorgängers, sowie der des Thales von Milet, der glaubte, daß alles aus dem Wasser entstanden sei und des Anaximenes, der behauptete, alles hänge mit der Luft zusammen, hatte er die zündende Idee. Es wurde ihm klar, daß das Leben auf der Erde aus mehreren Elementen entsteht. Jeder seiner Vorgänger hatte Recht, alle genannten vier Elemente sind die Bausteine des Lebens. So entstand die Vier-Elemente-Lehre, die seither ihren Weg nahm.
Aristoteles ergänzte sie ein Jahrhundert später um einige Aspekte, indem er den Elementen noch bestimmte Eigenschaften zusprach, damit sie sich untereinander beeinflussen und so verändern konnten. Das nannte er Transmutation.

Hitze und Trockenheit: Feuer
Hitze und Feuchtigkeit: Luft
Kälte und Trockenheit: Erde
Kälte und Feuchtigkeit: Wasser

Alchemie: Mystisches Wissen

Das Wort *Alchemie* ruft Bilder von wirren Wissenschaftlern mit Brille auf der Nase, die geschäftig mit Phiolen und Glaskolben hantieren, in uns wach. Jeden Moment erwarten wir, daß eine der vielen Apparaturen mit einem Blitz explodiert und uns um die Ohren fliegt.
Die meisten Wissenschaftler bezweifeln, ob das, was ihre spirituellen Kollegen tun, realistisch ist. Die Suche nach dem Elixier, welches das ewige Leben verspricht, sollte man eher symbolisch betrachten. Die Alchemie ist eine geheime Wissenschaft, die schon seit Tausenden von Jahren ausgeübt wird. Als ein Zweig der ägyptischen Mysterienschulen umfaßt sie sowohl esoterisches als auch exoterisches Wissen. Symbolik spielt eine wichtig Rolle und das Leben sowie die Lebensprozesse wer-

den von den Alchemisten genau studiert. Die Kraft des Feuers ist dabei essentiell. Nicht allein, um zu wärmen oder durch Vermischung verschiedener Stoffe und Feuereinwirkung einen neuen Stoff zu kreieren, sondern auch als Metapher für das innere Feuer der Alchemisten.
Im dritten Jahrhundert nach Christus breitete sich die Alchemie unter arabischem Einfluß sehr weiträumig aus, erlebte aber einen Höhepunkt erst im Mittelalter. Die Transmutations-Ideen von Aristoteles wurden aufgegriffen. Paracelsus (1493 – 1541), ein vielseitiger Arzt, Alchemist und Astronom, ergänzte die Theorie. Erde, Wasser, Feuer und Luft waren danach zwar wichtig, doch im wesentlichen drehte sich alles um drei Dinge: Schwefel, Quecksilber und Salz. Diese Drei sind noch heute unter der Bezeichnung *tria-prima* bekannt. Durch unterschiedliche Verhältnisse und Mischungen war es möglich, damit Metalle in Edelmetalle, namentlich Gold zu transmutieren. Dieses Umformungsergebnis nannte man den Stein der Weisen. Wenn die Natur das kann, kann der Mensch es auch, so die Argumentation.

Wichtig für die Alchemisten sind die Hermetischen Schriften (siehe dazu mehr im Buch über das Element Luft), die für die esoterische Symbolik ein Leitfaden ist. Dieses Werk soll ursprünglich aus dem alten Ägypten stammen und von dem Gott Thot geschrieben worden sein, ebenso wie die Smaragdene Tafel des Hermes Trismegistos. Darauf sind die Schöpfungsprinzipien kurz und bündig zusammengefaßt. Für andere sind diese Texte allerdings ein unverständliches Abrakadabra.

Im 16. und 17. Jahrhundert waren die Wissenschaften der Astrologie, Alchemie und Philosophie noch nicht derart getrennt, wie sie es heute sind, sondern bildeten zusammen mit der Heilkunde eine gemeinsame Wissenschaft. Eigentlich ist es noch heute so. Ein Alchemist studiert nicht nur Chemie und Physik, sondern betrachtet das große Ganze. Dabei sind seine eigenen, inneren Entwicklungen mindestens ebenso wichtig. Schwefel entspricht der Seele, Quecksilber der Lebenskraft und Salz steht für den physischen Körper. 'Wie oben, so unten' lautet das Motto, welches direkt aus den Schriften des Hermes Trismegistos stammt. Alchemisten gehen davon aus, daß Alles Eins ist und Eins Alles. So wie der Ouroboros, die Schlange der griechischen Mythologie, weise zischte: 'Alles kommt aus dem Einen und verwandelt sich wieder in das Eine, durch das Eine und für das Eine.'

Als sich das Wissen um die chemischen und physikalischen Prozesse weiter entwickelte und sich abspaltete, begann man die Alchemie mit Mißachtung zu betrachten. Man behandelte die Alchemie, als sei sie ein schwammiger, flüchtiger Wissenszweig, der seinen Kinderschuhen nicht entkam, nicht erwachsen werden wollte und daher auch nicht als seriös betrachtet werden konnte.
Robert Boyle (1627-1691) kam beispielsweise in seinem Buch *The Sceptical Chemist* zu dem Ergebnis, das die Elementelehre, auf der die Alchemie beruht, fundamental falsch sei. Der Gedanke der vier Elemente sei viel zu simpel. Jedes Element bestehe aus so viel mehr. Diese These führte zu einer jahrhundertelangen Belächelung der Alchemie.

Niemand weiß mit Sicherheit, woher das Wort Alchemie stammt. Die wahrscheinlichste Wurzel ist das ägyptische Wort *khem*, welches auch die ursprüngliche Bezeichnung des Landes Ägypten war und ‚alles, ganz' bedeutet.
Andere mögliche Wurzeln liegen in den griechischen Worten *chemeia*, was die Kunst des Metallgießens bezeichnet oder *chumeia*, was das Entziehen des Saftes aus Heilpflanzen oder Kräutern umschreibt.
Ein wesentlicher Kernsatz der Alchemie, der über auftaucht, ist: Alles ist Eins und Eins ist Alles. Schon dieser Kernsatz deutet auf die Herkunft vom Wort khem hin, welches dieser Aussage inhaltlich am nächsten steht. Damit korrespondiert auch die Beziehung zu Hermes Trismegistos, dem ägyptischen Gott Toth und der Smaragdenen Tafel.

Heute nimmt man an, daß die alten Alchemisten über sehr viel mehr Wissen verfügten, als vielfach angenommen. Daher wird heute wieder nach den Werten der Alchemie gesucht, mit der Folge einer aktuellen Wiederbelebung dieser Wissenschaft.

Während die Chemiker, sich ausschließlich auf ihr Ziel hin orientieren, geht es dem Alchemisten weniger um das Ziel als solches, sondern vielmehr um den Weg dorthin. Und auf diesem Weg können eine Menge Schätze gesammelt werden.

Die Elemente und Psychologie

Natürlich kann auch die Psychologie mit den vier Elementen in Verbindung gebracht werden. Die Suche nach Strukturen gehört etwa zum Element Erde, die Äußerung von Gefühlen zum Wasser, das Nachdenken und Analysieren zur Luft, die letztliche Umwandlung gehört dann zum Feuer.

Die Elemente spielen also im psychologischen Prozeß immer schon eine wichtige Rolle. Doch erst Carl Gustav Jung gründete seine analytische Psychologie Anfang des 20. Jahrhunderts auf die vier Elemente:

Element	*Jungianische Qualität*	*Art der Äußerung*
Erde	Wahrnehmen	ruhig und beharrlich
Feuer	Intuition	unternehmungslustig und impulsiv
Luft	Denken	aufgeweckt und neugierig
Wasser	Fühlen	aufgeschlossen und feinfühlig

Er ließ sein Licht über viele Themen, die den menschlichen Geist beschäftigen, leuchten. Nicht nur Traumdeutung, Tarot und östliche Philosophien sondern auch die Alchemie fanden sein Interesse. Er betrachtete die Arbeit der Alchemisten als eine Selbstentwicklung und ihre Suche nach Edelmetall als Metapher für das Streben nach dem Besten in sich selbst.

Jung selbst ist ein wichtiges Element bei der Interpretation der alchemistischen Versuche, den Stein der Weisen und das Elixier des Lebens zu finden.

Psychologie kann man nicht von den spirituellen Themen, die damit zusammenhängen, loslösen. Sie konnte nur durch andere Wissenschaften wie die Philosophie, Alchemie, Astrologie, Mathematik und Astronomie entstehen. Aber erst im 19. Jahrhundert, als auch etliche magische Orden entstanden, wurde die Psychologie mehr und mehr auf das tägliche Leben bezogen, mit einem erneuten deutlichen Aufschwung in den siebziger Jahren des 20. Jahrhunderts.

Verschiedene Formen des Feuers

Wir können uns heute kaum noch daran erinnern, aber es gab eine Zeit, da war das Anzünden eines Feuers eine richtige Herausforderung. Durch Reibung, etwa Holz auf Holz, oder dem Schlagen mit einem Feuerstein, wurden einige Funken erzeugt. Unter großen Anstrengungen und mit viel Zeitaufwand päppelte man diese wenigen Funken mit Hilfe von Zunder, trockenem Gras oder Laub, kleinen Zweigen etc. zu einem richtigen Feuer.
Es folgt eine kleine Liste mit Erfindungen rund ums das Feuer:

ca. 600 – 'Griechisches Feuer', ein schwer entzündbares Gemisch aus Rohöl, Nadelbaumharzen und Schwefel revolutioniert die bisherige Kriegführung mit Brandpfeilen.
1044 – Ein altes chinesisches Buch berichtet über das Schießpulver, welches aber vermutlich noch viel älter ist.
1248 – Der englische Mönch Roger Bacon schreibt als erster im Westen über Schießpulver.
1325 – Der deutsche Mönch Berthold Schwarz entwickelt ein Gemisch aus Salpeter, Schwefel und Kohlenstoff und sprengt damit sein Kloster in die Luft.
1378 – Man entdeckt, daß man den Feind mit Schießpulver schnell und effizient ins Jenseits befördern kann. Womöglich ist die Idee schon durch das unglückliches Schicksal des Bertold Schwarz aufgekeimt.
ca. 1400 – Schießpulver wird erfolgreich im Bergbau eingesetzt.
ca. 1500 – Sonnenstrahlen mit einem Stück Glas aufgefangen und auf einen bestimmten Punkt gerichtet, verursachen Feuer. Bei Bewölkung kann man damit allerdings nicht viel ausrichten.
1669 – Der deutsche Alchemist H. Brand entdeckt den Phosphor, welcher schon bei 40 ° C entflammt.
1809 – Die Vorläufer der Zündhölzer werden von dem Italiener L. Peypla erfunden. Er mischte Öl mit Phosphor und Schwefel in einem kleinen Faß und tauchte Holzstöckchen hinein, die er an der Luft trocknen

ließ. Durch Reibung dieser Hölzer auf einem harten Untergrund entflammte das Schwefelgemisch. Die Schwefelhölzer waren geboren.
1831 – Die ersten echten Phosphorzündhölzer werden produziert. Es folgten in schneller Folge weitere Methoden, Feuer zu machen, z.B. durch Elektrizität.
1867 – Der Schwede Alfred Nobel entwickelt einen hochexplosiven Stoff. Der Anfang vom bevorstehenden Ende, welches uns in vielen Mythen vorhergesagt wird?
6. August 1945 – 'Little Boy' war kein kleiner Junge. Diese erste Atombombe wurde von den Amerikanern über der japanischen Stadt Hiroshima abgeworfen und fegte sie mit über 80.000 Einwohnern von der Landkarte. Noch Jahre danach starben über 150.000 Menschen an den Folgen.
9. August 1945 – Die Atombombe 'Fat Boy' traf das Industriegebiet von Nagasaki und tötete mehr als 40.000 Menschen.

Die unterschiedlichen Formen des Feuers zeitigten große Folgen im menschliche Verhalten. Recht bald nach der Erfindung des Schießpulvers begann man Waffen zu entwickeln, mit denen diese Erfindung eingesetzt werden konnte. Unter den Folgen leiden wir noch heute.
Vor allem in den USA ist die Anzahl der Unfälle mit Handfeuerwaffen kaum zu übersehen. In den heißen Auseinandersetzungen zwischen den Gangs in den amerikanischen Großstädten sind Gewehre und Pistolen allgegenwärtig. In den Kriegen zwischen diversen Mächten ist die Atombombe eine drohende Realität. Faktisch ist es möglich, mit nur einer Bombe die Welt zu vernichten.

Viele Mythen, darunter auch germanische, berichten von einem alles vernichtenden Feuersturm, in dem die Welt untergeht. Die Zukunft wird uns lehren, ob der germanische Ragnarök Wirklichkeit wird.

Eine andere Form des Feuers

Ägypter, Chinesen, Inkas, Mayas und Azteken waren schon vor Tausenden von Jahren in der Lage, große Mengen Golderz zu verarbeiten und aus dem gewonnenen Gold prächtige Kunstwerke und Schmuckstücke

zu schmieden. Bis heute weiß die Wissenschaft nicht genau, wie sie das angestellt haben. Es gibt aber eine starke Vermutung: Das ‚Brown'sche Gas', entdeckt von dem Wissenschaftler Yull Brown (1922-1998), könnte die Antwort für dieses Geheimnis liefern. Der gebürtige Bulgare Ilya Velbov entdeckte, daß man Wasserstoff und Sauerstoff miteinander verbinden und mit diesem Gemisch eine Flamme von mehr als 3000° C erzeugen konnte. Dazu hatte er einen einfachen Generator entworfen. Die Idee dazu kam ihm, nachdem er beschlossen hatte, noch ein Studium an einem Priesterseminar in Bulgarien zu beginnen. Im 2. Brief des Petrus (2 Petr. 3,10-3,12) hatte er gelesen, daß die Erde in Flammen vergehen werde. Das gab ihm zu denken. Da unser Planet überwiegend aus Wasser besteht, schien es ihm kaum möglich, daß die Erde sich in einen Feuersee verwandeln könnte. Auch in den Büchern von Jules Verne, die längst bewiesen hatten, daß Science Fiction nicht per se Fiktion bleiben muß, gibt es Passagen, in denen Wasser als Brennstoff verwendet wurde.
Diese Idee ließ Velbov nicht mehr los. Er gab seine Priesterschaft auf und meldete sich bei der Marine. Erst Jahre später, nach dem 2. Weltkrieg, während dem er eine schreckliche Zeit in einem Konzentrationslager verbringen mußte, emigrierte er 1958 nach Australien und nahm einen anderen Namen an: Yull Brown. Als examinierter Ingenieur der Elektrotechnik fand er schnell eine Arbeit bei einem Unternehmen, für das er Testinstrumente entwickelte. Die Idee, welche er damals hatte, diese andere Form des Feuers, spukte noch immer in seinem Kopf herum und loderte dann und wann wieder auf.
Es gab etliche Hindernisse zu überwinden. Ein Chemiker weiß, wie gefährlich es ist, Wasserstoff und Sauerstoff zusammenzubringen. Brown erlebte dies am eigenen Leib, als bei einem Experiment sein Labor explodierte. Dabei kam er fast ums Leben. Doch er gab nicht auf. Zu Beginn der 1970er Jahre entdeckte er, daß man die beiden Stoffe sehr wohl zusammen bringen kann, wenn man die natürlichen Mischungsverhältnisse, wie sie auch im Wasser anzutreffen sind, einhielt. Also zwei Teile Wasserstoff auf ein Teil Sauerstoff. Normalerweise entsteht Feuer durch eine Explosion. Diese beiden Stoffe aber, die sich miteinander

verbanden, verursachten Feuer durch eine stabile Implosion. Die Flamme erreichte 130° C.

Bestimmte Materialien werden sogar 3000° C oder sogar 6000° C heiß. Das Besondere ist, daß diese Flamme nicht alles erwärmt. Wenn Sie Ihre Hand darüber halten, merken Sie nahezu nichts. Brown konnte mit diesem Gas z.B. nukleare Abfälle neutralisieren oder radioaktive Abfälle vernichten. Zur Zeit bunkern wir diese Abfälle irgendwo ein oder schießen sie in den Weltraum.
Zum Vergleich: Eine normale Flamme brennt, indem sie Material erhitzt, bis die Elemente aufgrund der durch die Hitze chaotisch gegeneinander schlagenden Atome auseinanderfallen. Das Brown'sche Gas geht dagegen eine Verbindung mit dem Material ein, welches als Katalysator dient. Das verursacht chemische Reaktionen in diesem bestimmten Stoff. Der Vorgang funktioniert ganz anders, als die Standardnaturgesetze es uns lehren. Es widerspricht allem, was wir bisher gelernt haben. Daher ist das Brown'sche Gas auch noch immer nicht durch die offizielle Wissenschaft anerkannt.
Es gibt Hinweise darauf, daß Brown'sches Gas schon im Altertum bekannt war. Man fand etwa in der großen Pyramide von Gizeh eine Eisentafel, die in behauenem Stein eingelassen war. Sie besteht aus stark nickelhaltigem Eisen, das bei einer Temperatur von mehr als 1000° C geschmolzen worden sein muß. An den Kanten fand man deutlich sichtbare Spuren von Gold. Zuerst nahm man an, diese Platte stamme von einem Meteoriten. Doch ließ man schnell davon ab, denn alle bisher bekannten Meteoriten enthalten kein Nickel. Und daß die alten Ägypter vor rund zweitausend Jahren wußten, was man mit Eisenerz anfängt, ist höchst unwahrscheinlich.
Brown selbst nannte auch die Azteken als Vorbild, die vermutlich durch Entzünden einer Mischung von trockenem und feuchten Holz das Brown'sche Gas entstehen lassen konnten. Ein normaler Scheideprozeß liefert nur rund ein Zehntel der Goldmenge, die eine Scheidung mit Brown'schem Gas erbringt. Möglicherweise ist das der Grund, warum die Azteken derartige Mengen Gold verarbeiten konnten. Das gleiche gilt für andere (Edel-)Metalle. Mit der Methode von Brown kann man

ebenfalls große Mengen billiger Elektrizität generieren. Dennoch wird vorerst von dieser sehr sauberen Methode kein Gebrauch gemacht. Bewußtwerden ist nun mal ein sehr langer Prozeß...

Thales – ca. 624 - 545 v.Chr. – Wasser

Anaximander – 611 - 547 v.Chr. – Apeiron, die göttliche Quelle

Anaximenes – 585 - 528 v.Chr. – Luft als Urelement

Heraklit von Ephesus – ca. 540 - 480 v.Chr. – Feuer als Urelement

Empedokles – 494 - 434 v.Chr.– Vier Elemente: Erde, Luft, Feuer und Wasser

Plato – ca. 427 - 347 v.Chr. – Fünf physische, platonische Formen der Elemente

Hippokrates – 460 - 377 v.Chr. – Vier Temperamente und vier Körpersäfte

Aristoteles – 384 - 322 v.Chr. – Vier Elemente und Transmutation, Zufügung des Elements Äther

Paracelsus – 1493 - 1541 – Tria-prima

Robert Boyle – 1627 - 1691 – Elemente werden weiter untergliedert

Carl Gustav Jung – 1875 - 1961 – Psychologie auf Basis der Elemente

Yull Brown – 1922 - 1998 – Brown'sches Gas (ca. 1970)

FEUER IN KULT, (NATUR)RELIGION UND WELTANSCHAUUNG

Feuer und Religion und Weltanschauung sind untrennbar miteinander verbunden. Bei Ritualen und Festen wurde schon immer ein Teil der Ernte in den Opferfeuern geopfert, um damit für die gute Ernte zu danken. Mehr darüber finden Sie im Kapitel *Feste zu Ehren des Feuers.*

In den unterschiedlichen Mythen der Welt spielt das Feuer immer wieder bei Schöpfungsberichten und Unterweltmythen eine tragende Rolle. Die berühmten Vestalinnen hatten beispielsweise die Aufgabe, die ewigen Feuer im Tempel der Göttin Vesta (Hestia) in Brand zu halten. Der griechische Gott Prometheus stahl das ewig brennende Feuer vom Berg Olymp und brachte es in einem hohlen Schilfstengel zu den Menschen.

Die Azteken und Inkas beteten ihre Feuer- und Sonnengötter mit blutigen Ritualen an. Sie glaubten, die Sonne käme nur wieder, wenn man ihr täglich einen Menschen opfert. Es galt übrigens als Ehre, sich für ein solches Opfer zur Verfügung zu stellen.

Zarathustra

Die Verehrung des Feuers stand auch im Mittelpunkt der zoroastrischen Lehre (Mazdaismus). Für die Anhänger dieses alten persischen Kultes ist das Feuer die Verkörperung des göttlichen Lichts, des heiligen Funken. Der Stifter dieses Kultes war der Prophet Zarathustra (Zoroaster). Seine Lehre bewirkte große Veränderungen in vielen Religionen dieser Welt. Der Kult zeigte deutliche indische und babylonische Einflüsse. Es ist nicht überliefert, wann genau Zarathustra lebte. Manchen nennen die Zeit um 600 v.Chr., andere sprechen von der Zeit um 1000 oder 1500 v.Chr. Es wird sogar angezweifelt, ob Zarathustra überhaupt je real existierte.

Wie dem auch sei: Zarathustra predigte erstmals ein monotheistisches Prinzip, was bedeutet, es existiert nur ein einziger Gott. Diese Grund-

these finden wir in späteren Religionen wie dem Judentum, dem Christentum oder dem Islam wieder. Der jeweils auch darin enthaltene Dualismus geht auf den Dualismus zwischen Gott (Ahura Mazda) und dem Teufel (Ahriman) der zoroastrischen Lehre zurück. Auch der Glaube, daß sich der Mensch nach dem Tod für seine Taten Gott gegenüber verantworten müsse, geht auf Zarathustra zurück. Himmel und Hölle waren Orte, an denen man ewig verweilen durfte oder mußte, je nachdem wie man sein Leben gestaltet hatte.
Der Kult wird noch heute gepflegt. Die Adepten werden Feueranbeter genannt, weil sie das Feuer als wichtigsten Aspekt ihres Glaubens ansehen. Anhänger haben oft eigens ein Zimmer eingerichtet, in dem ein permanentes Feuer brennt. Fünfmal am Tag wird es mit Sandelholz genährt und fünfmal am Tag werden Gebete dazu gesprochen. Bei Verlassen des Feuerzimmers reibt man sich etwas Asche auf die Stirn.
Als der Kult in Persien durch den Islam verdrängt wurde, erloschen auch die heiligen, ewigen Flammen in den Tempeln. Die Gläubigen verstreuten sich über die ganze Welt und aktuell gibt es nur noch einige Tausend von ihnen.

Germanisches Heidentum

Im Germanischen Heidentum, welches ausführlich im Buch über das Element Luft beschrieben ist, beschreibt die Mythologie die destruktive Welt des Feuers: Muspelheim. Hier wohnen die Feuerriesen. Das Feuer ist in der germanischen Mythologie ein Synonym für Zerstörung und Kreativität. Es ist verantwortlich für das Ende der Zeiten, den Endkampf, der während des Ragnarök entschieden wird, wenn die Welt in Flammen untergeht. Dann werden die Feuerriesen unter der Führung von Surt (*der Schwarze*) über die Erde marschieren und die Welt verbrennen. Der Feuergott Loki ist eine sehr bewegliche Figur, die einerseits sehr lustig, schlau und listig wie ein Fuchs, aber zugleich auch ein Bösewicht ist. Er ist eng mit Thor befreundet, dem Schutzherren der Erde, und symbolisiert damit das Band zwischen Erde und Feuer.
Loki ist auch der Vater dreier Wesen, die seiner Verbindung mit der Riesin Angrboda entstammen: Hel, Göttin der Unterwelt, Fenrir, der Wolf des Ragnarök, und Jormungandr, der Weltenschlange. Der germani-

sche Hauptgott Odin erblickte diese schrecklichen Wesen bei ihrer Geburt und warf Hel nach Helheim, über das sie fortan herrschen durfte. Hierher stammen Redewendungen wie 'geh zur Hölle' oder das ‚Höllenfeuer', das ‚helle Feuer', auf das die Christen verweisen. Anschließend schleuderte Odin Jormungandr ins Meer, wo sich die Schlange um die ganze Welt wand und langsam versucht, diese zu zerdrücken.
Für die Germanischen Heiden ist ihre Mythologie eine Richtschnur für das tägliche Leben. Verschiedene unserer heutigen Bräuche gehen auf traditionelle, heidnische Feste aus vorchristlichen Zeiten zurück.

Hexerei

In der modernen Hexerei, zu der auch Wicca zählt, ist Feuer eines der vier Elemente und steht für Kreativität, Willenskraft und Handeln. Feuermagie, Sexualmagie und die Jahres(feuer)feste sind alle Äußerungen der freien Lebensweise, in der Hexen ihre Anschauungen ausleben. Feuer ist nicht besser oder schlechter als jedes andere Element, hat aber für Hexen einen besonderen Beigeschmack, der in der Historie beruht, als Hexen zu Tausenden auf den mittelalterlichen Scheiterhaufen im Feuer starben. Dabei ging es weniger um Hexerei als um die Tatsache, daß man damals jeden, der nicht dem ‚richtigen' Glauben anhing, als Bedrohung empfand. Und so reichte schon Eifersucht. Neid, Zorn oder ein anderer banaler Grund, jemanden der Hexerei zu verdächtigen.

Den Beginn der Hexenverbrennungen markiert das Erscheinen des äußerst bösartigen Buches *Der Hexenhammer* (Malleus maleficarum) im Jahre 1486, welches von den Mönchen Heinrich Kramer und Jacob Sprenger verfaßt wurde. Es scheint, daß beide Herren einen ausgeprägten Haß auf Frauen hatten, dessen Ursache wir aber nur vermuten können: 'Ohne Frauen gäbe es weniger Gefahren auf dieser Welt. Derzeit ist die Gefahr besonders groß, da viele von ihnen Hexen sind,' so behaupteten sie eiskalt.
Ihre Epistel hatte einen derart gravierenden Einfluß, daß die Verbrennung, aber auch das Ertränken von ‚Hexen' einen ungeheuren Aufschwung erfuhr. Das Buch enthielt Beschreibungen, zu was Hexen im Stande und warum sie so gefährlich seien und Anweisungen, wie man

sie zum Geständnis zwingen könne. Es standen auch Erläuterungen über Frauen darin, die sich mit dem Teufel eingelassen hatten.

Nach Meinung der Autoren konnten Hexen folgendes:
- Hagel, Sturm und Unwetter schicken;
- während der Folter schweigen;
- Richter verhexen, damit diese sie nicht bestrafen;
- Menschen und Tiere unfruchtbar machen;
- berittene Pferde erschrecken, welche daraufhin durchgehen;
- durch die Luft von einem zu einem anderen Ort fliegen;
- Hand und Herz desjenigen zittern lassen, der sie gefangen nehmen will;
- an die Öffentlichkeit bringen, was anderen verborgen ist;
- mit Hilfe des Teufels die Zukunft weissagen;
- Dinge sehen, die irgendwo anders geschehen;
- Fehlgeburten verursachen;
- jemanden verliebt machen;
- ganz nach Wunsch Tiere oder Menschen durch Blitzschlag töten;
- Menschen und Tiere krank machen, ohne sie zu berühren;
- die eigenen Kinder dem Teufel übergeben;
- Kinder, die von den Eltern weglaufen, heimlich ins Wasser werfen;
- Kinder entführen und sie dem Teufel übergeben oder selbst töten, um aus ihren feingemahlenen Knochen Hexensalbe anzurühren;
- Kinderleichen stehlen und in ihrem Kessel zu Brei kochen, um ihn der Hexensalbe beizumischen, die sie in die Lager versetzt, zu fliegen oder Weissagungen oder andere Zauberkünste auszuführen.

Das Buch offenbart einen gewaltigen Haß auf Frauen und hatte noch Jahrhunderte später Auswirkungen. Es drückte allem einen Stempel auf, was auch nur im Entferntesten mit Hexerei in Verbindung gebracht wurde: das Wissen um die Wirkung von Kräutern, die Pflege von Mensch und Tier, Spaß haben am Tanzen und Singen usw.
Wir fragen uns heute, warum damals so viele Menschen so einfach zu manipulieren waren, daß man allen Ernstes glaubte, was diese infamen Mönche den Frauen andichteten. Wenn man aber davon ausgeht, daß

man in dieser Zeit für viele ganz natürliche Erscheinungen keine Erklärung hatte und das tägliche Leben aus einer Vielzahl von Bräuchen bestand, die man heute unter dem Begriff Folklore zusammenfaßt, dann wird einem manches klar. Dazu kommt, daß, wo immer Menschen sind, auch getratscht wird. Phantasie schmückt das Getratsche immer weiter aus und wer Pech hat, fällt dem zum Opfer.

In den Niederlanden gab es nicht so viele Hexenverbrennungen wie in anderen europäischen Ländern.

Die moderne Hexerei entstand in den 1950er Jahren und ist zur Zeit enorm populär. Magie, Wahrsagerei und Kräuterwissen sind Fähigkeiten, die eine moderne Hexe beherrschen muß. Volkstümliche Gebräuche erfahren wieder eine neue Wertschätzung. Zuweilen ruft das Wort Hexe immer noch Widerstand von Seiten anderer religiöser Gruppen auf, doch wird immer deutlicher, daß die Bezeichnung Hexe eher mit Stolz getragen wird.

(Weiter gehende Erläuterungen zur Hexerei finden Sie in meinen Büchern *Alte Traditionen - Moderne Hexen*, *Das magische Buch vom Mond*, und dem Buch über das Element *Wasser*.)

Druidentum

Seit jeher war ein Druide ein weiser Mann oder eine weise Frau, ein Stammesältester, Lehrmeister, Heiler und Priester. Er vollzog Rituale, orakelte und kannte sich in der Magie aus, beispielsweise der Wettermagie. Druiden verfügten über ein sehr großes Wissen über die Natur. Sie bildeten eine abgeschlossene, reiche Priestergemeinschaft, in der die Eingeweihten ein umfangreiches magisches Wissen besaßen. Das Geheimnis, mit dem sie sich umgaben, gab ihnen auch eine große Macht. Vor rund tausend Jahren starben die Druiden aus. Das moderne Druidentum entstand Mitte des 19. Jahrhunderts unter starken Einflüssen aus der Freimaurerei. Es erblüht nun wieder in einer neuen Tradition, die auf alten keltischen Werten und vorchristlichen Überzeugungen basiert. Es gibt viele Gemeinsamkeiten mit der modernen Hexerei und mit dem Schamanismus. Auch Druiden arbeiten in einem Kreis, man ist frei, an einen Gott zu glauben, die Natur wird ehrfürchtig behandelt und man feiert die acht Jahresfeste. Das Druidentum ist eine Erdreligion, die besonders Bäume, Steine und Totems verehrt, doch spielt auch die Sonne eine wichtige Rolle, weshalb das Druidentum auch als Sonnenreligion bezeichnet wird.

Der Orden der Druiden kennt drei Gruppen: Barden, Ovaten und Druiden. Und wenngleich das Druidentum eine Weile vornehmlich Männer anzog (was vermutlich an den Einflüssen der Freimaurerei lag), wird heute kein Unterschied mehr zwischen Männern und Frauen gemacht. Jeder kann Druide werden.
Wenn Sie mit dem ersten Ausbildungsniveau beginnen, sind Sie ein Barde. Sie stellen den Kontakt mit der Natur her, arbeiten sich in die Mythologie ein, erforschen die eigene Herkunft und die vier Elemente. Sie entwickeln die eigene Kreativität, Rituale, Visualisierungen, Kunst, Musik und Poesie. Die nächste Phase ist die des Ovaten. Dieser beschäftigt sich intensiv mit Kräuterkunde, Tieren, Wahrsagen, den Naturgesetzen und stellt den Kontakt zu Welt der Geister her. In der letzten Phase, und bis dahin vergehen einige Jahre, sind Sie Druide. Sie haben dann schon ein umfangreiches philosophisches und geistiges Wissen angesammelt und geben Ihr Wissen an andere weiter. Die drei Phasen im Druidentum verkörpern die drei Phasen im Leben des Menschen: Jugend, Erwachsenenalter und Alter.
Die klassischen Druiden verehren in ihren Ritualen das Feuer und die damit verbundene Sonne mit großen Feuern und Fackelumzügen. Diese Rituale haben auch den Sinn, die Kraft der Sonne und deren lebensspendenden Einfluß symbolisch festzuhalten. Das moderne Druidentum übt sich auch in Sonnenritualen und damit Feuerritualen. Es ist eine typische Sonnenreligion im Gegensatz zur modernen Hexerei, die mehr eine Mondreligion ist.

(Neo)Schamanismus

Der Neoschamanismus scheint eine Mischung aus verschiedenen alten naturreligiösen Strömungen zu sein. Indem er sich an ein spezifisches Element bindet, kann ein Schamane sich Erde-, Wasser-, Luft- oder Feuerschamane nennen. Feuer ist auch hier das Medium von Umwandlung,

Wachstum und Willenskraft. Der Feuerschamane beschäftigt sich mit dem Feuer in Meditationen, Trance und Sonnenritualen.
Manche Schamanen organisieren Schwitzhütten-Workshops, für die sich Gruppen oder Einzelpersonen anmelden können. Die Schwitzhütte (Inipi) ist ein Brauch der nordamerikanischen Indianer und ist ein Symbol für die Gebärmutter von Mutter Erde. Das Feuer ist die Saat der männlichen Energie.
Die Errichtung der Schwitzhütte ist ein eigenständiges Ritual. Die Gruppe Menschen, die das Inipi zusammen erbauen, schafft auf diese Weise eine innige Verbundenheit untereinander. Das Feuer wird entfacht, die Steine hineingelegt und erhitzt. Dann setzt sich die Gruppe draußen zusammen und fertigt z.B. Gebetssäckchen. Die Hütte ist fertig, der Altar ist in Ordnung gebracht und dann werden die heißen Steine in die Hütte getragen und in eine tiefe Kuhle in der Mitte gelegt. Salbei und Wasser sorgen für einen sehr heißen, aber angenehmen Dampf. In der Hütte findet dann das Ritual statt. Der Schamane beginnt zu trommeln, die Geister werden eingeladen, es wird gesungen, gebetet und nach Anleitung über ein bestimmtes Thema gesprochen, wobei jeder seinen Beitrag leistet. Die Zeremonie sorgt nicht selten für eine Transformation der Teilnehmern und kann äußerst beeindruckend sein. Sie erfahren eine tiefe Verbindung zu den Naturelementen und untereinander.

Riten anderer Kulturen

In allen Kulturen wird Feuer mit Fruchtbarkeit, Kraft und Reinigung assoziiert und damit mit den wichtigen Momenten im Leben. Als Teil von Riten ist Feuer nicht weg zu denken.
Früher glaubte man, daß das Springen um ein Feuer herum oder darüber hinweg Feuerdämonen und andere schreckliche Wesen auf Abstand halte und gegen Krankheit und Unglück helfe. Der Glaube an Dämonen ist übrigens eine christliche Denkweise, die beispielsweise die Germanen nicht kannten.
Das warme Willkommen heißen eines neuen (Mit-)Bewohners war ehedem eine ganz normale Angelegenheit, etwa mit einem Topf selbst gekochter Suppe. Das hat denselben Ursprung wie das Verbrennen ei-

nes Büschels Stroh zu Ehren eines neuen Nachbarn. Dieses Einweihungsritual symbolisierte die Aufnahme eines neuen Mitglieds in eine bestehende Gruppe. Das Feuer stellte so die Inbesitznahme des neuen Hauses dar. Viele alte Bräuche, die mit Feuer zusammenhängen, sind heute durch andere Bräuche ersetzt. Der Zeitgeist tut seine Arbeit, und wenn Gebräuchen nicht mehr benötigt werden, werden sie (leider) überflüssig.
In Deutschland mußte eine Braut früher dreimal rund um den Herd tanzen, um sicherzustellen, daß sie fruchtbar ist.
Ein anderer schöner Brauch stammt aus Java. Alte Menschen, Großeltern oder sogar Urgroßeltern tanzen mit sogenannten Feuerfächern einen rituellen Tanz, um ihre Kraft an die Jungvermählten weiter zu geben.
Auch Fackeltänze waren schon immer bei Hochzeiten sehr populär und es gibt eine Vielzahl von Varianten davon. Eros, der Gott der Liebe, trägt auf vielen Abbildungen eine Fackel, ein wichtiges Symbol für Liebe und Vitalität.
Feuer wird in den meisten Kulturen beim Abschied von den Toten verwendet. Dabei muß man unterscheiden zwischen den traditionellen Leichenverbrennungen (in offenem Feuer) und modernen Verbrennungen (im Krematorium). Die unterschiedlichen Arten der Leichenverbrennung werden ausführlich in dem Buch *Het grote afscheid* (s. Literatur) behandelt, worin der Autor auch verschiedene fesselnde Beispiele für die Verbindung der vier Elemente mit den Zeremonien vorstellt. Er nennt darin unter anderem das Ritual eines Wikinger-Königs, welcher auf einem Kriegsschiff aufgebahrt auf das Meer hinaus gefahren wurde. Dann wurde das Boot von Kriegern mit Brandpfeilen in Brand geschossen. So vergingen der König und sein Schiff gemeinsam und sein Geist stieg zur Walhalla auf, wo er, getreu dem Glauben der Germanen, Met und schöne Frauen genießen durfte.
Traditionelle Verbrennungen werden heute nur noch in einigen östlichen Ländern (z.B. Indien) praktiziert. Die moderne Verbrennung in Krematorien wird heute in der übrigen Welt, vor allem im Westen, immer populärer.

FESTE ZU EHREN DES FEUERS

Während des ganzen Jahres wurde in den alten Zeiten zu passenden Gelegenheiten ein Feuer entzündet. Heute tut man das sehr viel weniger, zumal das Entzünden offener Feuer strengen Regeln unterliegt und z. Tl. sogar verboten ist. Es liegt aber sicher auch daran, daß wir über elektrisches Licht verfügen und daher viel weniger lange draußen sitzen. Bei einbrechender Dunkelheit gehen wir eben ins Haus und knipsen ganz schnell das elektrische Licht an.

Ich erinnere mich noch, wie ich mich früher immer gewundert habe, daß meine Großeltern zu Hause das Anschalten des Lichts so lange wie möglich hinauszögerten. Für mich konnten die Kristallüster, die sie hatten, nicht früh genug erleuchten, weil ich sie so festlich fand. Meine Großeltern hingegen konnten die Dämmerung noch richtig genießen. Zusammen saßen sie noch mindestens eine Stunde, wenn die Dämmerung hereinbrach, um ihre ‚Schummerstunde', wie sie es nannten, auszukosten. Dann erst schaltete mein Opa in aller Ruhe die Lichter eins nach dem anderen an. Im Winter leuchtet häufig nur der Weihnachtsbaum, alle anderen Lampen blieben ausgeschaltet.

Elektrisches Licht ist einfach und bequem. Doch hat die Dämmerung tatsächlich einen ganz eigenen Charme. Sie verlockt geradezu, sich enger aneinander zu kuscheln und den Kontakt untereinander zu suchen. Mir persönlich geht kaum etwas über ein richtig großes Feuer im Dunkeln. Die Flammen werfen dann geheimnisvolle Schatten auf die Gesichter der Umstehenden. Das sind magische Momente…

Germanische Feuerfeste

In unserer eigenen Kultur, die auf die der Germanen zurückgeht, war fast jedes Fest ein Feuerfest. Dazu gehörten die Fruchtbarkeitsfeste des Frühjahrs, die später in das Osterfest mit seinen Osterfeuern zusammengeführt wurden. Diese, aber auch die Maifeuer, Pfingstfeuer, St. Johannisfeuer, Mittsommerfeuer und die Julfeuer verweisen alle auf uralte Riten, die mit dem Ackerbau in Verbindung stehen. Sie gehen zurück auf altgermanische Götterrituale, bei denen böse Geister vertrieben wurden und das Feuer reinigend wirken sollte. Menschen, ihre Tiere, ihr Haus und die Ernte sollten danach vor Unglück, Krankheit, Vernichtung und anderen Schrecknissen geschützt sein.

Die Germanen unterschieden Ruhefeuer und Wildfeuer. Ruhefeuer waren die Herdfeuer zu Hause, die der Familie Wärme spendeten. Sie bildeten zugleich das Zentrum, gleichsam das Herz des Hauses. Feuer wurde damals oft in der Trancemagie oder zur Entspannung benutzt. Man schaute in die Flammen des Herdfeuers, wie wir heute zur Entspannung in den Fernseher schauen. In den Flammen glaubte man allerlei Figuren zu sehen. Die Göttin Ostara beispielsweise oder den Donnergott Thor mit seinem feuerroten Bart, aber auch das Wildschwein Gullinborsti. Es wurde von einem Feuer geboren, welches die Zwerge Brock und Sindri entzündet hatten. Seine goldenen Borsten brachten überall Licht ins Dunkel und waren damit ein Symbol für das Sonnenlicht und für Fruchtbarkeit. Der Sage nach ritt Freya auf Gullinborsti um die Äcker. Die im Winter hart und kalt gewordene, unfruchtbare Erde, die von dem Wildschwein eifrig durchwühlt wurde, verwandelte sich wie von Zauberhand in goldene Äcker.

Zu Ehren von Gullinborsti wurden am Julabend (das ist eigentlich der Mittwinterabend am 21. Dezember, aber heute meist durch den Heiligen Abend am 24. Dezember verdrängt), aber auch schon früher, am 13. Dezember, Schweine geschlachtet. Über dieser Opfergabe sprach man feierliche Gelübde aus. Jahrhunderte lang blieb diese Sitte erhalten, bis das reale Schwein letztendlich durch das symbolische Schein aus Marzipan ersetzt wurde.

Das Wildfeuer hatte einen höheren Status als das Ruhefeuer und wurde auch Notfeuer genannt. Die Bezeichnung geht zurück auf das altdeutsche nûan, was schaben, reiben bedeutet. Andere Feuer in der Umgebung konnte die Kraft des Wildfeuers schwächen. Daher mußten zunächst sämtliche anderen Feuer im Dorf gelöscht werden, bevor das Wildfeuer entzündet wurde. Wildfeuer wurde ausschließlich durch Reibung entfacht. Gelang es nicht, auf diese Weise das Feuer zu entzünden, war man sich sicher, daß das Feuer nicht erscheinen wollte.

Während der Feste pflegte man Szenen aus den germanischen Mythen nach zu spielen, beispielsweise die Verfolgung des Unterweltgottes Loki, der zugleich der Gott des Feuers war, durch die Götter.

Das Wildfeuer war ein schöpferisches und zerstörendes Feuer, heilig, reinigend, ein Fruchtbarkeits- und Opferfeuer. Es half, böse Geister abzuwehren und die Gewächse des Ackers, die Menschen und die Tiere gegen Krankheit und Elend zu beschützen.
Die große Feste waren für alle ein großes Vergnügen und von verschiedenen Bräuchen umgeben. Man sammelte beispielsweise brennbares Material (alte Bretter, Reisig etc.) auf Bauernwagen und schichtete es zu großen Haufen auf. Jeder im Dorf nahm daran Teil. Es entstanden sogar Wettbewerbe der Dörfer untereinander, wer das größte Feuer zustande brachte.
Das Entzünden war ein ganz besonderer Akt. Man steckte z.B. ein Stück Holz in die Nabe eines Wagenrades – das Rad symbolisierte das Jahresrad – und drehte das Rad so lange und so schnell, bis das eingesteckte Holz zu glühen begann. Oder man nahm einen großen Eichenpfahl mit einem Loch in der Mitte, in dem ein mit Teer und Stroh umwickelter Stock solange gedreht wurde, bis das Stroh brannte. Beide Methoden waren zugleich auch ein Fruchtbarkeitsritus. Solche Pfähle wurden auch mit Stoff, Fett und Seilen umwickelt. Eigentlich waren diese Zutaten aber zum Erzeugen einer Flamme nicht notwendig.
Jeder der Anwesenden lief dreimal durch das Feuer, auch das Vieh jagte man hindurch. Die größten Waghälse sprangen mit Bravur über das voll entbrannte Feuer, während die anderen darum herum tanzten und sangen. Man steckte brennende Gegenstände an Stangen oder Haken und lief damit umher. Aus der Ferne sah das dann aus, als ob Irrlichter über der Landschaft tanzen.
Am Ende eines Feuerfestes nahm jeder ein Stück verkohltes Holz mit nach Hause als Schutz gegen ansteckende Krankheiten.

Man betrachtete das Feuer selbst, aber auch die Asche als heilend. An Mittsommer ließ man sogar Kinder durch das Feuer springen. Babys wurden von den Eltern hindurch geworfen oder in die abgekühlte Asche

gelegt. Nach dem Ende des Festes streute man die Asche auf die Äcker, um die Fruchtbarkeit des Bodens zu erhöhen. Jungen und Mädchen rieben sich mit Asche ein und wuschen sich tagelang nicht, denn Asche war so heilig, daß man sie nicht einfach wegspülen durfte.
Ein anderer Brauch war, daß sich die Jugend gegenseitig verfolgte, wobei die Jungen versuchten, die Mädchen mit Asche einzureiben, was ihnen auch meist gelang. Die Mädchen rannten weg und die Jungen versuchten sie zu fangen, um ihnen anschließend hinter einem dicken Baum einen Kuß zu stehlen. Daraus ergaben sich nicht selten kleine Romanzen.

Die Tradition, gemeinsam ein großes Feuer zu betrachten, gerät heute zunehmend in Vergessenheit. In den Städten wird dies gar nicht mehr gemacht. Selbst auf dem Land ist die Pflege solcher Bräuche längst nicht mehr so selbstverständlich wie früher. Bestenfalls sieht man in manchen Gegenden noch Osterfeuer.
Bei den Katholiken lebt diese Tradition im Aschermittwoch und im Aschenkreuz noch weiter. Am Mittwoch nach Karneval (Aschermittwoch) beginnt die vierzigtägige Fastenzeit, die Ostern endet. Die im Vorjahr geweihten Palmzweige werden verbrannt und mit deren Asche zeichnet der Priester ein Kreuz auf die Stirn der Gläubigen und spricht dabei: ‚Gedenke Mensch, daß du Staub bist und zum Staube zurückkehrst.'

Um den Teufel zu vertreiben und andere böse Geister abzuwehren, hielten unsere Ahnen viermal im Jahr spezielle Rauchnächte ab, nämlich am 21., 24. und 31. Dezember sowie am 6. Januar. Diese Nächte fielen in die dunkelste Zeit des Jahres und man glaubte, daß Hexen und Geister gerade dann die größte Macht hätten. Man verbrannte Holz und Kräuter an diesen Abenden bis große Rauchwolken entstanden. Hierzu verwendete man Lärchen- und Tamariskenholz.

Keltische Feuerfeste

Die Kelten feierten vier große Jahresfeste, die erst im letzten Jahrhundert mit den germanischen Festen zusammengelegt wurden. Am 31. Oktober Samhain, welches später Halloween genannt wurde. Für moderne Hexen und keltisch Orientierte ist dies das wichtigste Fest, weil es das neue Hexenjahr einläutet. Früher feierte man dieses Fest drei Tage lang. Dabei war das Entzünden des Opferfeuers ein besonderes Ereignis. Die Druiden entzündeten auf dem Hill of Ward (Tlachtga) ein großes Zeremonialfeuer. Heute feiert man in England und Irland am 5. November ein Bonfire genanntes Fest, welches mancherorts den Platz von Samhain einnimmt. Die mit Fratzen verzierten, ausgehöhlten Kürbisse mit einer Kerze darin erinnern an die großen Opferfeuer von früher. Mehr zum Fest Samhain finden Sie im Buch über das Element *Erde*.

Am 1. oder 2. Februar:	Imbolc, das Feuerfest zu Ehren der Göttin Bridget (s. Element *Luft*).
Am 30. April:	Beltane, das Maifest.
Am 31. Juli (oder eher):	Lammas oder Lughnasadh (s. Element *Wasser*).

Viele vorchristliche Feste wurden christianisiert oder zu reinen Vergnügungsfesten umgewidmet. Das gilt vor allem für die Feste rund um das Maifeuer, die Mittsommernacht und das Johannisfest. So war beispielsweise *Luilak* (welches noch immer in einigen Teilen der Niederlande begangen wird) traditionell ein Fest, bei dem ein Feuer entzündet und ein riesiger Krach mit alten Dosen etc. gemacht wurde, um die bösen Geister zu vertreiben. Ähnliche Bräuche zogen sich früher durch das ganze Jahr. Damit glaubte man z.B., den Winter aufhalten zu können, und ermutigte die Sonne, doch noch länger zu scheinen.

Alte und neue Bräuche rund um die Feuerfeste

Osterfeuer

Osterfeuer galten als Freudenfeuer, da sie Fruchtbarkeit in die Ställe brachten. Man führte einen speziellen Fruchtbarkeitstanz auf, bei dem die Anwesenden Hand in Hand zuerst dreimal rechts um das Feuer herum tanzten und dann dreimal links herum. Anschließend bekam jeder ein Stück brennendes Holz in die Hand und lief singend um das Feuer herum. Dann übergab man das Holz mit der linken Hand an seinen Nachbarn und tanzte anders herum ums Feuer. Zum Schluß warf man das Holz wieder ins Feuer. Am Ende des Festes bekam jeder ein Stück verkohltes Holz mit nach Hause, was gegen Unheil schützen und die Fruchtbarkeit fördern sollte.

Maifeier/Beltane/Walpurgisnacht
Die Maifeier ist ein Fruchtbarkeitsfest, bei dem der Sommer mit Gesang und Tanz willkommen geheißen wird. Der Tanz um den Maibaum und die anschließenden Spiele verweisen auf die Bindung zur Natur. Der Maibaum ist mit roten und weißen Bändern geschmückt, die symbolisieren, daß die Tage immer länger werden. Männer und Frauen umtanzen mit den Bändern in der Hand den Baum, der ein (Phallus-) Symbol ist und für Kraft und neues Leben steht, und verflechten dabei die Bänder. Die Krone auf der Baumspitze symbolisiert die Kraft und die Mitte der Erde.
Die Anwesenden wählen eine Maikönigin, indem sie Weidenkätzchen ziehen. Ebenso wählt man ein Maibrautpaar, um damit die menschliche Fortpflanzung zu symbolisieren.
Früher wurden die Häuser der heiratsfähigen Mädchen nachts noch mit Maizweigen dekoriert. Verschiedene Zweige haben jeweils eine bestimmte Aussage:

Birkenzweig: gut und rein
Kirschzweig: launisch
Hagedorn (Weißdorn): stachelig
Tannenzweig: treue Liebe

Das keltische Beltane kannte die gleichen Bräuche. Ursprünglich wurde an Beltane der Fruchtbarkeitsgott Balder verehrt. Holz und getrocknete Kräuter wurden im Beltanefeuer geopfert. Zweige der Eberesche (Vogelkirsche) wurden dreimal durchs Feuer gezogen und am Ende des Festes zu Hause aufgehängt, da das Glück bringen sollte. Beltane ist ein Fest der Liebe. Zu dieser Zeit sieht man überall die Liebe erblühen, Paare, die zusammen über den Besen springen, ein alter Brauch der heute bei den Hexenhochzeiten noch gepflegt wird.

Die Walpurgisnacht ist seit jeher eine Nacht voller Zauberei und gruseliger Ereignisse, die den Hexen zugesprochen wurden. Nun wissen wir zwischenzeitlich, daß man sich vor Hexen nicht fürchten muß. Das Fest entwickelt allmählich einen besonderen Charme. Hexen, vor allem in Deutschland, feiern es mit großer Ausgelassenheit. Es findet am Walpurgisabend vorzugsweise auf einem Hügel statt. Früher feierte man auch Walpurgis anstatt der Maifeier.

Wenngleich das Fest heidnischen Ursprungs ist, trägt es einen christlichen Namen, den der Heiligen Walburga, die Äbtissin eines Benediktinerinnenklosters war. Sie lebte 710 - 779, heilte Kranke und kämpfte angeblich gegen die Hexerei. Nach ihrem Tode kam die Legende auf, sie habe das Wasser beeinflußt (man könnte auch sagen verzaubert), um damit Kranke zu heilen. Später wurde sie zu einer Schutzheiligen derer, die Angst vor Hexen und bösen Geistern hatten. Ob Walburga tatsächlich gegen die Hexerei war, mag man bezweifeln. Mit ihrem großen kräuterkundigen Wissen ähnelte sie doch sehr den dörflichen Kräuterfrauen, die im Mittelalter meist als Hexen angesehen wurden. Man nimmt aber auch an, daß der Name auf die Seherin Waluburg zurückzuführen ist, die im 2. Jahrhundert lebte.

In der Walpurgisnacht sollten Hexen um ab Mitternacht eine Stunde lang besonders große Macht über andere Menschen haben, so geht jedenfalls die Legende. Zu dieser Stunde versammelten sich die Hexen auf dem Brocken im Harz, feierten dort ihren Hexensabbat und tanzten wild mit dem Teufel.

Vor diesem Ereignis, welches sich vor allem zwischen den Ohren des Volkes abspielte, fürchtete man sich derart, daß die Dorfbewohner in großen Gruppen und unter Erzeugung eines Höllenlärms mit Deckeln, Schellen, Kuhglocken, wildem Geschrei und Hundegebell um ihre Dörfer zogen, in den Händen brennende Reisigbüschel als Abwehrwaffe. Diese Büschel bestanden aus Schlehenreisig, Tannenzweigen, Rosmarin und Schierling, die als Bündel um einen Stock gewickelt waren. Hiermit umrundeten die ‚tapferen' Burschen siebenmal die Häuser und Ställe.

Flöten aus Weidenholz sollten ebenfalls gegen Hexen helfen. Hierauf wurde dann ausgiebig und laut geflötet.

Wie dem auch sei, Walburga hat heutzutage den Platz eingenommen, der ehedem einer Reihe heidnischer Göttinnen gebührte, darunter Holda, Freya, Frigga, Nerthus, Nehalennia und Ostara.

Mittsommer /Litha/ Sommersolstitium und St. Johannis-Tag
Litha markiert die Sommersonnenwende am 21. Juni, wird aber auch um den 24. Juni herum gefeiert. Die Fruchtbarkeit der Gewächse erreicht nun ihren Höhepunkt.
Vor allem bei den nordeuropäischen Völkern wird dies mit ausgelassenen Festen gefeiert. Straßen und Häuser werden mit Blumen geschmückt, es gibt üppig zu essen und zu trinken, die Menschen kommen zusammen, tanzen und singen. Während dieser Tage heiraten auch viele Verliebte.
In Rom verehrte man an diesem Tag die Göttin Fortuna, die immer ein prall gefülltes Horn (das Füllhorn) bei sich trug.

Der längste Tag des Jahres, der 24. Juni, ist dem Heiligen Johannes geweiht. Früher feierte man die Mittsommerzeit zwischen dem 15. und 29. Juni, eine magische Zeit mit vielen alten Gebräuchen. Vielerorts sind die Bräuche um beide Feste ineinander übergegangen.
Die Johannisnacht ist eine magische Zaubernacht, in der ein großes Feuer entzündet wird. Andere Bräuche sind z.B.:
- Es werden Kränze aus Kornblumen, Haselnußblättern und Johanniskraut gewunden und an die Tür gehängt.
- Wünschelruten können nur an diesem Tag geschnitten werden.
- In dieser Nacht in einem speziellen Tuch, welches draußen ausgebreitet wird, aufgefangener Tau soll augenblicklich Augenkrankheiten heilen.
- Ein Zweig Johanniskraut wurde an einer Wand im Haus aufgehängt, bis er völlig getrocknet war und sollte gegen Unwetter und Blitzeinschlag schützen.
- Pflanzen, die am Johannistag gepflückt wurden, sollten besonders starke Zauberkräfte haben. Namentlich das Johanniskrautöl verfügt über magische Kräfte gegen vielerlei Leiden. Das Öl ist blutrot.

Johannisfeuer brennen noch heute überall in Europa. In Frankreich geht man dazu in die Berge. Im Languedoc, hoch oben auf dem Canigou (2.200 m) wird genau um Mitternacht des Johannistages ein großes Feuer entzündet. Um das zu sehen, klettern viele Menschen eigens den Berg hinauf. Sobald das Feuer verloschen ist, rennen alle so schnell sie können den Berg wieder hinunter. Es muß eine ganz magische Atmosphäre dort herrschen. Musik klingt von den umliegenden Bergen zurück und überall brennen kleine Feuerchen.

Das Mittwinterfest – Jul

Die Julnacht ist eine magische Nacht, in der die Rückkehr des Lichtes gefeiert wird. Der Julbaum hat viele Übereinstimmungen mit dem Maibaum. In Skandinavien baute man früher dreieckige Pyramiden aus Holz, verzierte sie mit grünen Zweigen und befestigte Kerzen darauf. Das Schmücken der Wohnungen mit grünen Zweigen ist ein Vorläuferbrauch zum heutigen Tannenbaum.

Vor allem im Germanischen Heidentum werden die Feuerfeste noch ausgiebig begangen.

Am Julfest werden Opfer gebracht, beispielsweise das Julschwein. Der jährliche Sonnenlauf endete am 25. Dezember, dem Geburtstag von Thor. Das Mittwinterfest war überall auf der Welt ein großes Fest. Die alten Griechen begingen den Geburtstag von Dionysos, der auch in der Mittwinternacht geboren wurde. Er galt als das Kind des Lichtes und als Lichtträger. In Ägypten gebar die Göttin Isis ihren Sohn Horus, den Sonnengott, am Mittwintertag.

Bei Anzünden der Feuer im Winter wurde genau beobachtet, in welcher Richtung der Rauch abzog. Die Felder, über die der Rauch wehte, galten als gesegnet. Doch der Rauch verkündete auch etwas über die Zukunft. Zog er nach Norden, dann war es fast sicher, daß bittere Kälte bevorstand. Der Frühling würde in dem Falle erst sehr spät beginnen und der Winter würde rauh werden. Wehte der Rauch nach Süden, dann wußten die Bauern, daß sie früh die Äcker bestellen konnten.

Folklore

In folkloristischen Bräuchen werden Verbrennungen nachgeahmt. In den Niederlande und in Belgien werden verschiedene folkloristische Events organisiert, die ihren Ursprung in den Hexenverbrennungen haben.
So kann man alle zwei Jahre die Hexenprozession im ‚Zauberinnendorf' Beselare bewundern. Der erste Umzug fand 1959 auf Initiative des Autors Edward Vermeulen statt. Fast tausend Menschen nehmen an diesem Umzug teil. Die Geschehnisse aus dem Mittelalter werden detailliert nachgespielt und beginnt mit der Vorstellung der Geschichte der Hexe und der umlaufenden Gerüchte. Es folgen ein Hexentanz, die Verurteilung, Szenen aus dem Hexengefängnis und der Walpurgisnacht. Die Show endet tief in der Nacht mit dem Abbrennen des Scheiterhaufens. Rund um den Umzug werden diverse Aktionen organisiert wie ein abendlicher Markt, eine Wahl der schönsten/häßlichsten Hexe, eine Hexenwanderung usw.
Im belgischen Ellezelles findet alljährlich in der letzten Juniwoche ein Hexenjahrmarkt statt, der allerdings von erheblich kleinerem Ausmaß ist als das Ereignis in Beselare.
In den Niederlanden, können Sie sich in Oudewater auf eine Hexenwaage legen. An der Skala können Sie dann ablesen, ob Sie eine Hexe sind oder nicht.

Der Übergang vom alten in ein neues Jahr wird in vielen Kulturen ausgiebig gefeiert, oft mit viel Geknalle und Feuerwerk. Letzteres sollte früher die bösen Geister vertreiben. An diesen ursprünglichen Zweck denkt heute aber kaum noch jemand. Feuerwerke dienen einfach nur noch dem Vergnügen.

In Spanien kennt man noch einige Feste, die bemerkenswert sind. Da ist zum Beispiel das Jarnadillafest am 7. und 8. Dezember, an dem die Jugendlichen mit brennenden Besen aufeinander los gehen. Oder ein Fest, während dessen Jungfrauen auf Flößen einen mit Fackeln erleuchteten Fluß hinab fahren. Vom 16. – 19. März feiert man Fallas, das Verbrennen des Winters, dargestellt mit Puppen aus Pappmaché. Die

Einwohner von Valencia arbeiten an diesen Puppen fast ein Jahr. Auf diese Weise begrüßen sie den Frühling.

Paganistische Feste

Bei den paganistischen Festen unterscheidet man germanische und keltische Feste. Die germanischen Feste fallen auf den Zeitpunkt des Tagundnachtgleiche und sind Feuerfeste. Keltische Feste nicht an einem bestimmten Datum gefeiert, sondern richten sich nach Merkmalen in der Natur in den Jahreszeiten. Daher können sie sich verschieben. Solche feste werden heute von Anhängern der Naturreligionen fast durchweg gefeiert, insbesondere von den modernen Hexen. Allerdings unterscheidet man wichtige und weniger wichtige Feste.

ENERGIEN DES FEUERS

Jedes Element hat seine eigenen Energieformen. Die Schwingungen der Töne sind Luftenergien, die Energien der Leylinien beispielsweise gehören zur Erde, die sprudelnden Brunnen und Quellen können wir zur Wasserenergie rechnen und zum Feuer gehört die sexuelle Energie. Der Tanz kann ebenso wie zum Feuer auch zu Wasser und Luft gezählt werden. Tanz gehörte immer schon zu den Tätigkeiten der Tempelpriesterinnen. Das Erwecken dieser Form der Energie zählt aber eindeutig zum Element Feuer und daher wird der Tanz in diesem Buch behandelt.

Tanzen

Die Geschichte des Tanzes ist so alt wie der Mensch selbst. Aus prähistorischen Felszeichnungen wissen wir, daß schon die primitiven Menschen ihre Körper zur Nachahmung natürlicher Rhythmen einsetzten. Sonnenaufgang und Sonnenuntergang, das Wogen der Blätter und des Grases, das Strömen und Strudeln des Wassers, das Wehen der Winde und die Bewegungen der Tiere waren Rhythmen, denen sich der Mensch verbunden fühlte. Diese Verbundenheit drückte er mit seinem Körper aus. Zu den Bewegungen kamen später die Töne der Stimme, Gesang, das Stampfen mit den Füßen und das Klatschen mit den Händen. Echte Instrumente kamen irgendwann auch zu Einsatz, wobei diese als Verlängerungen des Körpers dienten. Die Flöte ist etwa ein klares Phallussymbol, die Trommel ein weibliches Symbol.
Der primitive Mensch, ehedem völlig den Kräften der Natur ausgeliefert, vor denen er großen Respekt hatte, ging beispielsweise nie zur Jagd, ohne zuvor ein Ritual zur Beschwörung dieser natürlichen Kräfte vollzogen zu haben. Auf diese Weise versuchte er die Jagd positiv zu beeinflussen. In solchen Ritualen wurden die Bewegungen der Jagd nachgeahmt. Damit nahm der Mensch die Kraft des gejagten Tieres in sich auf und wurde diesem ebenbürtig.
Es war gänzlich unüblich, daß Frauen und Männer zusammen tanzten. So wie die Aufgaben aufgeteilt waren, war auch das Tanzen aufgeteilt.

Männer tanzten Jagd-, Kriegs-, Sonnen- und Schamanentänze, Frauen tanzten Regen-, Ernte-, Mond-, Fruchtbarkeits- und Geburtstänze in getrennten Gruppen. Die Fruchtbarkeit, von der das ganze Leben abhing, stand im Mittelpunkt des Tanzens. Es verwundert daher nicht, daß die meisten Tänze hiermit zu tun haben. Zu jedem wichtigen Ereignis gab es einen Tanz.

Griechenland

Vor allem in den Religionen und Weltanschauungen spielen Tänze eine wichtige Rolle. Im alten Griechenland und Kreta war der Tanz ein unverzichtbarer Bestandteil von Einweihungszeremonien der verschiedenen Kulte, etwa der Eleusismysterien, des Dionysos-Kultes oder des Apollo-Kultes. Es gab allerdings große Unterscheide.

Im Dionysos-Kult gab man sich ganz einem zügellosen Tanz hin, bis man in Trance geriet. Bei den Eleusismysterien lief man stundenlang in einer Prozession von Athen nach Eleusis und musizierte und tanze derweil. Ein anderer überlieferter Tanz dieses Kultes war ein nächtlicher Schlängeltanz mit Fackeln (eine Art Polonäse). Dieser stellte den Zug durch die Unterwelt dar. Beim Apollo-Kult ging es sehr viel gesitteter zu. Bei den ekstatischen Tänzen zu ehren der Hekate, Göttin der Finsternis sah dies schon ganz anders aus. Es wurde geschrien, laut musiziert und nicht selten fügte man sich dabei selbst Verletzungen zu.
Manchmal sollten mit Tänzen auch Krankheiten ausgetrieben werden. Dazu war es notwendig, in Trance zu verfallen, ein Sachverhalt, den wir auch aus dem Schamanismus kennen. Nicht selten wurden Tänze mit Schlangen ausgeführt, die damals als heilige Haustiere besonderes beliebt waren. Olympia, die Mutter Alexander des Großen und Tempelpriesterin des Dionysos, soll der Sage nach inmitten von Schlangen gelebt haben. Im zuckenden Lichtschein der Fackeln vollzog sie orgiastische Riten mit den Tieren aus und soll sogar mit ihnen geschlafen haben.

Ägypten

Im alten Ägypten war der Tanz ebenfalls ein unverzichtbares Element der Kultur. Jeder, ob jung oder alt, nahm ungeachtet seiner sozialen Stellung

an Tänzen teil. Der Tanz galt als Weg, sich mit dem Göttlichen zu verbinden. Auf Fresken und Reliefs tanzen Männer und Frauen zu allen Gelegenheiten: um bei Begräbnisfeierlichkeiten den Göttern die Ehre zu erweisen oder in Prozessionen und Umzügen. Derartige Tanzprozessionen werden auch heute noch in unterschiedlichen Kulturen abgehalten.
In Ägypten tanzten Haremsdamen den *Iba-Tanz*, wobei sie mit rautenförmig über den Kopf gehaltenen Armen würdevoll und feierlich durch die Straßen schritten. *Totentanz der Muu*, ein anderer sakraler Tanz, wurde zu Ehren der verstorbenen Königinnen nach den Riten des Osiris-Kultes getanzt. Der Liebesgöttin Hathor waren auch viele Tänze geweiht, etwa der *Tanz der vier Winde*, den fünf Jungfrauen zusammen tanzten.
In der Öffentlichkeit zu Tanzen, war zwar ein Privileg der niederen Schichten, doch auch die gehobeneren Schichten machten ausgiebig Gebrauch davon. Auf Festen oder in Tempeln traten Tanzgruppen auf, und Straßentänzer zogen durch die Gassen. In den Harems wurden die Frauen speziell in Musik und Tanz geschult, um ihren Herren und deren Gästen zu unterhalten. Harfe, Laute, Leier und Sistrum waren die Instrumente, die sie zu beherrschen lernten.

Ägypten wird zwar oft als ein Ursprungsland des orientalischen Tanzes angesehen, aber es gibt viele Hinweise, daß diese sinnliche Form des Tanzes in Wirklichkeit in Indien entstanden ist. Der dort mit dem offiziellen Namen *Raksharki* bezeichnete Tanz ist schon weit über fünftausend Jahre alt und allgemein als *Bauchtanz* bekannt. Der Bauchtanz ist ein typischer Fruchtbarkeitstanz, den es in vielen Variationen gibt. Er ist speziell für Frauen entwickelt worden. Es ist jedoch nicht wahr, daß dieser Tanz nur zur anregenden Unterhaltung der Männer dienen sollte. Vielmehr ehrten so die Tempelpriesterinnen seit uralten Zeiten die Göttin mit ihrem eigenen Körper.
Beim sehr sinnlich getanzten Bauchtanz spielt vor allem die Bewegung der Hüften die Hauptrolle. Das Schlängeln der Schlangen wird nachgeahmt, man dreht sich aber auch in Kreisen und Achten, die Hüften die Pobacken vibrieren. Die einzelnen Bewegungen imitieren den Geschlechtsakt. Den Bauchtanz gibt es in unterschiedlichen Stilen, klassi-

scher und moderner Bauchtanz etwa, aber auch der *Shaabi*, ein sogenannter Stocktanz, gehört dazu. Insider können aufgrund unterschiedlicher stilistischer Merkmale schnell erkennen, ob der vorgeführte Bauchtanz der z.B. ägyptischen, türkischen oder libanesischen Art, diesen Tanz zu tanzen, entspricht. Heutzutage gibt es auch männliche Bauchtänzer.

Im Laufe der Zeit sind unzählige Tänze entstanden, die jeder für sich eine eigene Qualität und Schönheit haben. Ballett, Flamenco und auch folkloristische Tänze, wie etwa der keltische Tanz, bei dem die rasend schnellen Fußbewegungen besonders auffallen, sind zu Kunstformen geworden. Der Tanz dient also sowohl dem Vergnügen, als auch dazu, besonderen Momenten im Leben einen besonderen Ausdruck zu verleihen, in Trance zu gelangen und Energie zu tanken.
Tanzen ist ein Seelenbedürfnis und es wirkt ähnlich befreiend wie das Musizieren oder Singen, wenn Sie es wagen, sich dem ganz hinzugeben. Nicht nur als Zuschauer, sondern als Teilnehmer...

Tips zum Tanzen
Wenn Sie sich eine Musik ausgesucht haben, nach der Sie tanzen wollen, dann hören Sie zunächst eine Weile nur zu, um in den Rhythmus zu kommen. Achten Sie darauf, wie Ihr Körper sich von selbst in diesem Rhythmus zu bewegen beginnt. Geben Sie sich dem einfach hin, bewegen Sie den ganzen Körper und vergessen Sie die Arme und Beine nicht.

Experimentieren Sie wie unsere Ahnen, indem Sie zu Naturthemen tanzen. Mythen können beispielsweise zu einem Tanz inspirieren. Befassen Sie sich daher einmal ausgiebig mit griechischer, keltischer, germanischer oder ägyptischer Mythologie und suchen Sie sich ein ansprechendes Thema aus. Auch Symbole können eine Anregung sein. Tanzen Sie einmal bewußt in einem Kreis oder in der Form des Ankh (Henkelkreuz). Wählen Sie eigene Formen und lassen Sie Ihrer Kreativität freien Lauf. Schreiben Sie Ihre Tänze in einem kleinen Notizbuch auf, denken Sie sich vielleicht dazu eigene Gedichte aus und halten Sie fest, zu welcher Musik Sie da getanzt haben.

Spiraltanz

Wenngleich schon viele Formen von Spiraltänzen erdacht wurden, so liegt es dennoch völlig bei Ihnen, sich Ihren eigenen Tanz auszudenken. Am besten entwickeln Sie eine eigene Choreographie und zeichnen diese auf ein Stück Papier, um dann anschließend die Figuren auszuführen. Sie können aber auch die gewünschten Spiralen mit Kreide auf den Boden zeichnen und dann nachtanzen. Oder Sie stellen sich einige Markierungen auf, um zu wissen, wo Sie welche Figur begonnen haben. Am einfachsten ist es aber, einfach so wie es Ihnen Ihr Herz vorgibt drauflos zu tanzen. Dann gibt es natürlich keine festgelegten Muster, aber vielleicht brauchen Sie solche auch gar nicht. Suchen Sie sich einen ungestörten Ort, möglichst draußen in der Natur aus, um dort allein oder mit anderen zu tanzen.

Eine schöne Methode ist es auch, sich einen großen Kreis zu markieren und diesen in immer kleiner werdenden Spiralen in die Mitte hinein zu umtanzen. Tanzen Sie im Uhrzeigersinn, um schöpferische Energien zu wecken. Tanzen Sie gegen den Uhrzeigersinn, um Dinge abzuschließen. Bei letzterem, wirklich magischen rituellen Tanz, wird negative Energie kumuliert und Sie tanzen immer schneller, bis diese negative Energie sich total aufgestaut hat. Dann lassen Sie die Energie los und richten sie auf ein bestimmtes Ziel. Das tun Sie, indem Sie sich beispielsweise auf den Boden fallen lassen und eine Weile ganz still liegen bleiben.

Derwischtanz

Die tanzenden Derwische, eine religiöse Sufi-Gruppe aus der Türkei, sind berühmt für ihren religiösen Tanz, den *Sema*. Ursprünglich war dies ein reiner Männertanz zu Ehren Allahs und auch unter der ägyptischen Bezeichnung *Zikir* bekannt. Heute wird dieser Tanz auch von Frauen und auch zu rein unterhaltenden Zwecken als Touristenattraktion aufgeführt.

Strecken Sie zum *Sema* die rechte Hand in die Höhe und die linke Hand nach unten. Das symbolisiert die Verbindung zwischen Himmel und Erde, die Durchleitung der himmlischen Energie von oben nach unten. Drehen Sie sich nun auf Ihrer linke Ferse wie ein Wirbelwind in der gleichen Richtung immer wieder um die eigene Achse. Breiten Sie dabei dann Ihre Arme aus oder stemmen Sie sie in die Hüfte.

Tanz des Labyrinths

Ein uralter Tanz, der das Leben als darstellt, aber auch den Sieg über den Tod. Zeichnen Sie mit Kreide ein Labyrinth auf den Boden und tanzen Sie diese Linie nach. Dazu passen viele Musikrichtungen. Ich tanze es gern zu griechischer Musik.

Tiertänze

Imitieren Sie hierbei die Bewegungen verschiedener Tiere, z.B. des Kranichs, eines Schwans, Bären, einer Katze oder Schlange.

Die 4 Elemente

Erde: Die wehenden Blätter an einem Baum; das leichte Wogen des Grases im Wind.
Wasser: Das wilde Rauschen eines Wasserfalls; die schäumenden Wellen des Meeres oder eines quirligen Gebirgsbaches.
Feuer: Versengende Hitze, ein ausbrechender Vulkan, das Flackern kleiner Flammen.
Luft: Das Wehen der Winde in all ihren verschiedenen Stärken.

Bauchtanz

Stellen Sie sich mit beiden Füßen fest auf den Boden und sacken Sie leicht in die Knie. Bewegen Sie die Hüften nach vorn, nach links, nach hinten und nach rechts. Drehen und bewegen Sie Ihre Hüften, während Sie sich auf das eine Bein aufstützen und das andere nur leicht auf den Zehenspitzen auf den Boden stellen. Die Hände dürfen Sie in die Taille legen. Bewegen Sie sich wie eine Schlange und lassen Sie auch Ihre Hände und Arme wie Schlangen durch die Luft schlängeln.

Tantra

Tantra ist eine Mischung aus östlicher Spiritualität, Sexualität und ritueller Magie, die sehr viel Übung in Technik und Selbstbeherrschung erfordert. Man kann sich aber sicher unangenehmere Dinge vorstellen,

als das Üben der eigenen sexuellen Fähigkeiten. Spritzige Orgasmen, eine werden mit dem Partner, kosmisches Bewußtsein und v Erkenntnis – Tantra wird seit Tausenden von Jahren in Asien praktiziert und in den letzten dreißig Jahren auch im Westen immer populärer. Seit der sexuellen Revolution scheint fast jeder bereit dazu zu sein. Wer Tantra praktiziert, ist völlig erfüllt davon. Man lernt sich und seinen Partner sehr intensiv kennen und verbindet sich mit dem Kosmos.
Tantra ist Trend. Es paßt vielleicht einfach in die aktuelle weltweite Strömung, eine spirituelle Basis zu finden. Doch sollte man diese uralte Kehre nicht als soundsovielte New-Age-Mode abtun. Damit würde man dem Tantra nicht gerecht. Mit New-Age oder Esoterik hat Tantra nichts zu tun, vielleicht noch am ehesten die verwestlichte Tantrik mit ihren kommerziellen Aspekten. Davon ist aber kaum mehr eine Befreiung oder Erleuchtung zu erwarten, eher eine Erleichterung des Portenmonnees.

Das Wort *Tantra* kommt aus dem Sanskrit und bedeutet Netz, Handlungen oder fortlaufender Prozeß. Man kann es auch verstehen als ‚das, was den Verstand erweitert‘ (tanyate). Sein Ursprung soll auf Naturreligionen zurückgehen, die lange vor dem Hinduismus in Indien oder dem Taoismus in China bestanden. Nach der Tantra-Lehre ist alles im Leben miteinander verwoben. Spirituelles Wachstum erreicht man, indem man auf verschiedenen Ebenen daran arbeitet.
In jeder Naturreligion ist Sexualität ein völlig natürlich und normaler Bestandteil. Sexualität war bzw. ist nicht von derartig vielen Verboten, Frustrationen und Beschämungen verbunden, wie in unserer von diversen sexualitätsfeindlichen Religionen wie Christentum und Islam geprägten Gesellschaft.
Tantra zielt darauf, die Tantriker auf eine höhere Bewußtseinsebene zu führen, die über den Weg der Ekstase erreicht werden kann. In unserer Gesellschaft ist Tantra für viele eine Möglichkeit, die eigene Sexualität frei von calvinistisch-protestantischen, katholischen oder anderen hemmenden weltanschaulichen Normen zu entdecken und zu erleben.

Seit jeher war der Tantrismus eine geheime Lehre, mündlich vom Lehrer zum Schüler weitergegeben wurde. Der Guru war Mitglied einer

Schule, der er oder sie sein bzw. ihr Wissen zu verdanken hatte. In den wenigen überlieferten Schriften, in denen die Erfahrungen, das Wissen und die Weisheit der Tantriker festgehalten sind, finden sich einige Dialoge über das Erreichen der Ekstase durch bestimmte Praktiken. Geistiges Verlangen ist die Kraft, die hinter dem Tantra steht. Erst durch sie werden mystischer Erfahrungen und Ekstase möglich. Im Osten gilt Tantra als vollwertige Religion, in der Leidenschaft, Verlangen und Ekstase die zentralen Punkte sind. Im Mittelalter entstand das buddhistische Tantra. Im Gegensatz zu den Buddhisten, die das zölibatäre Leben verherrlichten, gingen die buddhistischen Tantristen davon aus, daß gerade durch die Ekstase Erleuchtung gefunden werden konnte. Erweckt durch lang anhaltende, durchdringende Orgasmen durch das möglichst lange Hinauszögern des Orgasmus. Im Wesentlichen ging es dabei um eiserne Selbstbeherrschung und Negation der Lust. Frauen werden von den Männern als weibliche Buddhas verehrt. Jahrhunderte später wurden jüngere Mönche von ihren älteren Lehrmeistern in die Kunst des Liebe eingeweiht. Man unterschied zwischen körperlichem und spirituellem Sex. Strömungen innerhalb des Tantra, die rituellen Sex anwenden, tun dies um das Götterpaar Shiva und Shakti in sich selbst zu vereinigen und dadurch das Gleichgewicht – Ying und Yang – in sich selbst zu erlangen.
Uns westlich sozialisierten Menschen fällt es schwer, das zu verstehen. Tantra enthält für uns Geheimnisse, die praktisch unergründlich scheinen, die Eingeweihten oder die, die alles daran setzen, Tantra zu erfahren und zu begreifen, einmal ausgenommen. Dennoch hat Tantra inzwischen eine feste Basis im Westen. Damit hat es aber vielleicht auch etwas von seiner Ursprünglichkeit verloren. Hier sehen wir Tantra zumeist nicht als Religion oder Lebensweise, sondern oft als Therapieform. Es werden einige wenige Bestandteile des Tantra heraus gefischt und als Lehre angeboten. Das ursprüngliche Ziel des Tantra wird dabei meist aus den Augen verloren.
Eins ist klar: Tantra ist nicht mit ungehemmtem Gruppensex und Partnerwechsel gleichzusetzen, wenngleich das im Tantra durchaus möglich ist. Wenn es Ihnen das Spaß macht, sollten Sie es auch praktizieren. Tantra wendet sich gegen tradierte, westliche Normen, die uns oft sehr ein-

engen, wenn es um das Thema Sex geht. Genuß ist erlaubt, wir leben im 21. Jahrhundert. Genießen, Spaß haben, zusammen Spielen, sich von Blockaden, Hemmungen und Frustrationen befreien – das alles klingt schon sehr nach Therapie. Und es klingt nach langwierigem Lehrgang.

Tatsächlich muß man schon einige Mühen auf sich nehmen, um im Nirwana zu landen. Aber Sie verstehen vielleicht, das man Tantra nicht so mir nichts dir nichts lernen kann. Es geht ja unter anderem um Selbstbeherrschung und das Herauszögern von Genuß in Erwartung eines noch höheren Genusses. Im Tantra ist es z.B. sogar möglich, einen Orgasmus ohne jede Berührung zu erzielen.
Übrigens ist die eigene Befriedigung nicht das wichtigste im Tantra. Es geht darum, über sich selbst hinaus zu wachsen und eine andere Dimension zu erreichen. Sie werden eins mit der Sie umgebenden Energie. Jeder, der einmal einen heftigen Orgasmus erlebt hat, weiß, wie sich diese andere Dimension anfühlt. Mit Tantra kann man dieses Gefühl lang anhaltend erleben. Wer sich die Mühe macht, sich hinein zu vertiefen, wird entdecken, daß sich die Glückseligkeit auf mehreren Ebenen vollzieht. Sie lernen, auf den eigenen Körper zu hören und den des anderen. Sie verstehen, was Freiheit bedeutet, sie lernen zu geben und zu empfangen und mit der eigenen Sexualität umzugehen. Das alles kann schließlich zum angestrebten spirituellen Wachstum führen und zum genußvollen Schweben in anderen Sphären, jenseits von Zeit und Raum.

Kundalini: Die Feuerschlange

Folgende Praktiken werden im Tantra geübt:

- Atemübungen
- Meditation
- Kommunikationsübungen
- Körperübungen
- Visualisierungen
- Massagen.

Die tantrischen Atemübungen haben, wenn man sie korrekt ausführt, einen Einfluß auf *Prana*, den universellen Lebensatem, der durch unsere Adern strömt. Damit können Sie alles in Ihrem Körper bis zum äußersten Nervenzipfel stimulieren und zum Prickeln bringen.
Es gibt verschiedenen Techniken, welche die Chakren öffnen sollen, damit Sie sich buchstäblich leicht im Kopf fühlen und aufsteigen. Mit Atemübungen können Sie die stärkste Körperenergie erwecken, die bekannt ist: die Kundalini-Energie. Die zwei Energiebahnen, die man sich auch als die beiden Schlangen Ida und Pingala vorstellt, schlängeln sich rund um den *Shushumna*, der unsere Chakren miteinander verbindet. Dieser ähnelt einem Stab.
Das Erwecken der Kundalini-Energie kann auch durch Meditation, Visualisieren oder das Singen von Mantras erfolgen. Die freigesetzte Energie nennt man auch Feuerschlange oder Schlangenfeuer und kann Sie buchstäblich in Feuer und Flamme versetzen. Allerdings ist diese Energie auch nicht ganz ungefährlich. Wenn Sie die Erweckung nicht richtig machen, kann es Sie regelrecht umwerfen. Es gibt sogar Berichte über Menschen, die durch nicht korrekt erweckte Kundalini-Energie in einer Psychose endeten. Kundalini-Energie kann durchaus schmerzhaft sein.

Einige Anzeichen, die Ihnen zeigen, daß Sie es mit Kundalini-Energie zu tun haben:

- plötzliche, heftige Schmerzen, die Sie eine ernste Erkrankung vermuten lassen,
- das Gefühl, daß Ihnen kleine Tiere über den Rücken laufen,
- Energieströme, die sich hoch schaukeln und wieder abflauen,
- eine Energie die sich rasend schnell, eventuell in Zickzackform, nach oben schwingt,
- unkontrolliertes Zittern,
- Hin- und Her-Schaukeln des Oberkörpers,
- schnelle Atmung.

Lassen Sie sich aber davon beunruhigen. Die Energie verschwindet früheroder später wieder von selbst und geht dorthin zurück, wo sie her kam.

Sie sollten sich wirklich in aller Ruhe mit Chakra- und Tantraübungen befassen, möglichst unter Anleitung eines Lehrers, z.B. eines Yogalehrers. Wenn Sie schon fortgeschritten sind, können Sie sich auch an spezielle Übungen zu Erweckung der Feuerschlange wagen.

Der angenehme Punkt

Ein Bestandteil des Tantra, der im Westen besonders betont wird, ist die Massage. Tantra-Yoga verwendet verschiedene sexuell gefärbte Yogaübungen. Eine davon ist die Stimulierung des G-Puntes. Dieser genußreiche Punkt bei der Frau, auch ‚schwarze Perle' genannt, liegt dicht hinter dem Schambein. Er verschafft der Frau einen ejakulierenden Orgasmus, den man ‚Nektar der Göttin' nennt. Der G-Punkt, der einen gänzlich anderes Gefühl als beim klitoralen Orgasmus hervorruft, ist nicht leicht zu finden. Das Schöne am Tantra ist das Erkennen der eigenen Sinnlichkeit und Sexualität. Lassen Sie die Energiewellen einfach durch den Körper strömen, denn dadurch gelangen Körper und Geist in Harmonie. Das Entdecken, Spielen und Genießen ist darüber hinaus sehr angenehm und förderlich für die Beziehung.
Und die Erleuchtung? Die kommt dann ganz von selbst...

In vielen spirituelle Zentren werden Workshops zum Tantra angeboten. Die Techniken werden besprochen und erläutert. Zu Hause können Sie dann in Ruhe die Körperübungen machen, wobei der Tenor auf dem Erlernen der Beherrschung der Geschlechtsorgane und der sie umgebenden Muskelpartien liegt. Das ist wichtig, um diese Muskeln zu stärken. Des weiteren gibt es Kommunikationsübungen, Visualisierungen und Meditationen sowie Unterricht in Massage. Nicht unwichtig sind die Atemübungen, wodurch die Sauerstoffversorgung durch das Blut bewußt gesteuert wird. Bücher über Tantra gibt es sehr viele. Auch das Internet ist eine gute Quelle für weitere Informationen.

Tips für die Vorbereitung

- Stellen Sie eine Duftlampe auf und geben Sie dem Wasser einige Tropfen Ylang-Ylang und Sandelholz zu oder brennen Sie einen passenden Weihrauch ab.
- Bereiten Sie zuvor ein stimulierendes Liebesmassageöl zu (s. S. 126).
- Sorgen Sie für ein frisch bezogenes Bett, eventuell einen schönen Grand Foulard und weiche Kissen, die Sie während des Liebesspiels verwenden können.
- Hängen Sie ein mit Blüten dekoriertes Moskitonetz übers Bett. Das ergibt eine sehr intime Atmosphäre.
- Manche empfinden Satinlaken als besonders anregend und angenehm.
- Streuen Sie Rosenblätter auf das Laken.
- Stellen Sie kleine Fläschchen mit Blumen darin auf und stecken Sie in jedes Fläschchen einen Zettel, auf den Sie einen Wunsch für Ihren Geliebten notiert haben.
- Kaufen Sie sich ein Buch über das Kamasutra zur Anregung.
- Denken Sie sich vorher eine erotische Visualisierung aus und zeichnen Sie diese auf ein Tonband auf, welches Sie dann später zur Einstimmung abspielen.
- Nehmen Sie sich Zeit und ein Bad zur geistigen und körperlichen Vorbereitung.
- Kleiden Sie sich in etwas, worin Sie sich absolut wohl und sexy fühlen. Vielleicht nähen Sie sich ein spezielles Gewand, welches Ihrer Figur schmeichelt und Ihre Vorzüge unterstreicht. Auch Männer sollten so etwas tun.
- Denken Sie sich ein paar erotisierende Spielchen aus.
- Stellen Sie an sicheren Stellen im Zimmer Kerzen oder Teelichter auf und entzünden Sie diese, bevor der Geliebte Ihren Lusttempel betritt.
- Kochen Sie eine Kanne Kräutertee und bereiten Sie einige leichte Häppchen für zwischendurch vor.
- Legen Sie eine CD mit Tantra-Musik auf. Die Garantie für anregenden Sex...
- Legen Sie Lippenstift auf und beginnen Sie das große Fest mit einer anregenden Dusche aus Küssen über den ganzen Körper Ihres Geliebten. Und nun lassen Sie sich ausgiebig Zeit...

Einfache Tantraübungen

Übung 1: Trainieren Sie Ihre Beckenbodenmuskeln, indem Sie sie während des Gehens, Liegens oder Sitzens immer wieder anziehen und entspannen. Diese Muskeln benötigen Sie dann, wenn Sie dringend urinieren müssen, dieses aber einhalten wollen. Das Training dieser Muskeln hilft, den Orgasmus intensiver zu erleben.

Übung 2: Denken Sie sich Übungen aus, um mit dem Partner zusammen die fünf Sinne Hören, Sehen, Fühlen, Riechen und Schmecken anzuregen.

Übung 3: Trainieren Sie Ihre Atmung, vor allem das tiefe Ein- und Ausatmen über den Bauch (Bauchatmung). Im Buch über das Element Luft finden Sie Tips für Visualisierungen und Meditationen.

Übung 4: Atmen Sie durch die Nase ein und aus. Spannen Sie dabei die Beckenbodenmuskeln an und halten Sie den Atem an. Beim Ausatmen entspannen Sie die Muskeln wieder. Zwei Sekunden einatmen, vier Sekunden anhalten, zwei Sekunden ausatmen.

Übung 5: Streicheln und küssen Sie einander, ohne die Geschlechtsteile zu berühren und halten Sie dies solange wie möglich durch. Das ist eine Übung in Selbstbeherrschung.

Übung 6: Bringen Sie Yoni (Vagina) oder Lingam (Penis) ein Opfer, indem Sie die vier Elemente ehren und eine der passenden Zutaten verwenden. Beispielsweise:

- Stellen Sie Reissnacks bereit (Erde), etwa Reiskräcker oder Sushi (Erde und Wasser).
- Trinken Sie Reiswein dazu (Erde, Wasser und Feuer) oder leichten Rot- oder Rosewein aus schönen, großen Gläsern (Feuer und Wasser).
- Sorgen Sie für frische, saftige Früchte wie Ananas, Pfirsiche, Papaya, Melone, Mango, Kiwi oder Aprikosen (Luft und Erde).
- Schmücken Sie den Raum mit duftenden Blüten und viel Grün (Erde und Luft).
- Lieben Sie sich weiter, während Sie essen oder trinken (Feuer und Wasser).

DIE FLAMME DES FEUERS

Feuer spielt fast überall in der Welt eine nicht zu unterschätzende Rolle in Unterweltmythen und religiösen Erzählungen, ähnlich wie das Element Erde, welches aufgrund seiner Zusammensetzung als Gegenteil des Feuer verstanden werden kann. In denselben Mythen und Erzählungen tauchen immer wieder auch Drachen und Schlangen auf. Sie fungieren als Beschützer des Planeten oder als Bindeglieder zwischen Himmel und Erde, werden aber auch mit dämonischen, destruktiven Kräften und dem Fegefeuer in Verbindung gebracht. Die Symbolik der Schlange scheint widersprüchlich. Auf der einen Seite verkörpert sie das dunkle Totenreich, das nur von den Flammen der Hölle erleuchtet wird, auf der anderen Seite gilt sie als heilig. Warum?

Die Erde, die Unterwelt...

Unsere Erde ist rein stofflich gesehen, die unseres Wissens nach schwerste und dichteste Welt und hat, im Vergleich zur astralen Welt (s. im Buch über das Element Luft), eine niedrigere Schwingung. So gesehen drängt sich das Bild der Erde als Unter-Welt geradezu auf. Unser Körper unterwirft uns gewissen Beschränkungen, die nicht so leicht zu überwinden sind. Wenn ein Mensch von einem niedrigeren Niveau auf ein höheres, oder von einem höheren auf niedrigeres gelangen will, ist das für ihn immer mit Schwierigkeiten und Veränderungen verbunden. Erst danach darf er die süßen Früchte des Sieges und der Freude kosten. Dasselbe gilt für die Seele in den unterschiedlichen Mythen, die sich auf den Weg in die 'Unterwelt' macht. Auch da kommt es immer wieder zu Problemen, die überwunden werden müssen. Es gehen einem dabei auch Parallelen zur Vorstellung des Lebensrades und des Lebensrhythmus nach den Sonnen- und Mondzyklen durch den Kopf.
In diesen Mythen wird ebenfalls von großen, die Welt zerstörenden Feuern gesprochen. Manchmal dreht es sich dabei um ein Höllen- oder Fegefeuer, letzteres ein Begriff aus der christlichen Religion. Es stellt sich die Frage, was genau damit wohl gemeint ist, und daher versuche

ich, dies in einen größeren Zusammenhang zu stellen, der die Antwort auf die Frage geben kann.
Unsere Erde dreht sich um die Sonne, den großen glühenden Feuerball, der unser tägliches Leben so stark beeinflußt. Man kann unterstellen, daß unsere Vorfahren, davon angeregt, die Sonne in Verbindung mit mächtigen Göttinnen und Göttern sahen. So sind die Feuerfeste (s. Jahresfeste, S. 30) oft einem Sonnengott gewidmet und symbolisieren den Zyklus von Leben und Sterben ebenso wie die Schlange.

Die Schlange und der Tod

Es mag schwer sein, sich dies vorzustellen, denn schließlich liegen über zweitausend Jahre negativer Konnotation auf der Schlange, aber: In Sumer, Ägypten und Griechenland gab es Schlangenkulte, die dieses Tier als Göttin bzw. Gott verehrten und in denen häufig sogar Schlangen als heilige Haustiere gehalten wurden, welche die Aufgabe hatten, das Haus zu beschützen. In den verschiedenen Mysterienschulen ist die Schlange ein anerkanntes Symbol für Weisheit, Unsterblichkeit und Mystik. Die Völker des Altertums sahen in ihr das Leben der Erde und nach alten sumerischen Schriften ist der Schöpfer der Welt die Urschlange und Urmutter Tiamat.
Die Schlange steht auch für den unendlichen Kreislauf. Als Ouroboros schützt sie die Welt mit ihrem Körper und beißt sich selbst in den Schwanz. In der germanischen Mythologie finden wir das Motiv in der Schlange Jormungand wieder, welche sich um die Welt der Menschen, das Midgard, gelegt hat. Hier allerdings gilt die Schlange nicht als Schutz, sondern als Bedrohung, da sie versucht, Midgard zu zerdrücken.
Bei den Mayas stellte die Schlange die Leiter dar, auf der die Götter vom Himmel zur Erde herabstiegen.

Dieses mystische Tier symbolisiert also die Beziehung zwischen oben und unten, den gewundenen Pfad, auf dem wir Weisheit sammeln können, vorausgesetzt wir öffnen uns dafür. Die unterschiedlichen Bedeutungen, die dem Symbol der Schlange zugesprochen werden, verbinden es mit allen vier Elementen.

In den genannten Schlangenkulten Sumers, Ägyptens und Griechenlands wurde die Schlange auch mit der Heilkunde in Verbindung gebracht. Diese Bedeutung finden wir etwa im Schlangenstab des Äskulap, der Gott der Heilkunde und Sohn des Sonnengottes Helios war. Äskulap wird mit einem Stab dargestellt, um den sich eine Schlange windet, welche die weisen, heilkräftigen und schützenden Eigenschaften des Gottes symbolisierte. Äskulap wohnte im Totenreich oder, um einen anderen Begriff dafür zu nennen, in der Unterwelt. In früheren Zeiten glaubte man, daß der Heiler selbst zum Reich der Toten gehörte und ein genesener Patient von den ‚Toten' auferstanden war. Heilung und Tod standen in enger Beziehung.

Der magische Äskulapstab ähnelte dem des Gottes Hermes sehr und hat vermutlich denselben Ursprung, wenn auch manche Quellen dagegen sprechen. Mit dem Caduceus rettete Hermes, der Gott der Schrift, des Handels und der Heilkunde, die Seelen der Toten und weckte die Träumer aus dem Schlaf. Und er begleitete die Seelen bis an die Pforten der Unterwelt.

Äskulapstab

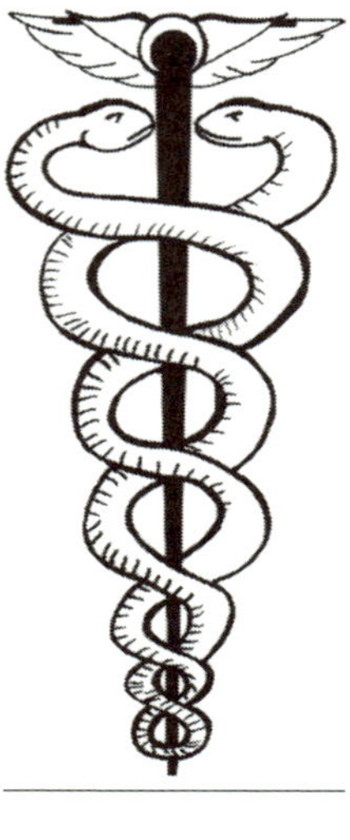

Caduceus

Die Schlangen um seinen Stab stehen für zwei Gegensätze: Heilung und Vergiftung, Krankheit und Gesundheit. Der Caduceus ist ein alchemistisches Symbol, welches Dualität bedeutet, das männlichen Quecksilber und den weiblichen Schwefel. Zusammen bilden sie die Kraft der Umwandlung. Der Stab stellt die *axis mundi* dar, die Achse der Welt, an der entlang alle wichtigen Götterbotschaften gesendet wurden. Das ist der Weg, den es zu bewältigen gilt, voller Windungen, Hoch- und Tiefpunkten, ein Bild des Lebens auf

Erden (Unterwelt) und des Weges in eine höhere Welt, symbolisiert in den Flügeln oder Vögeln an der Spitze des Caduceus. Wieder finden wir Hinweise, daß Stab, Schlange und Heilkunde etwas mit dem Tod und der Unterwelt zu tun haben.

Die Schlange und die Frau

Als Fruchtbarkeitssymbol finden wir die Schlange als Begleiterin verschiedener Göttinnen. Die sumerische Göttin Nidaba wurde die ‚Schreiberin des sumerischen Himmels' genannt und die ‚Meisterin des heiligen Aufbruchs'. Sie war erste Schutzgöttin der Schrift und wird meistens mit einer Schlange abgebildet. Auf Tontafeln wird sie auch als ‚Große Mutterschlange des Himmels' oder ‚Göttliche Schlangenfrau' bezeichnet. Im ehemaligen Mesopotamien ausgegrabene Figurinen aus dem vierten Jahrtausend v. Chr. zeigen Frauenkörper mit Schlangenkopf.

Die Schlange war auch ein bedeutendes magisches Symbol. Die Göttin Ishtar (auch Astarte) wurde auf einem Thron sitzend mit einem Stab dargestellt, um den sich Schlangen winden. Sie war die Vorgängerin der späteren griechischen Liebesgöttin Aphrodite (s. im Buch über das Element Wasser).

Auf Kreta war die Schlangenverehrung weiter verbreitet als sonstwo. Sir Arthur Evans (1851-1941) entdeckte 1903 auf Kreta die berühmte minoische Schlangengöttin, die aus der Zeit um 1.600 v.Chr. stammt. Wenn wir auch ihre exakte Bedeutung nicht kennen, scheint es sich aber um eine Abbildung einer Priesterin oder Göttin eines Schlangenkultes zu handeln. Die entblößten Brüste können ebenso auf Fruchtbarkeitssymbolik verweisen wie die sexuelle Aktion zwischen Schlange (Phallussymbol) und Priesterin/Göttin. In der Schlange das männliche Geschlechtsorgan zu sehen, bedarf keiner großen Phantasie.

Evans vermutete, daß der Schlangenkult aus Ägypten nach Kreta kam. Die Pharaonen trugen als Zeichen der mystischen Einweihung und Weisheit eine goldene Kobra auf ihrer Stirn, die ebenfalls in Verbindung zur ägyptischen Fruchtbarkeits- und Erdgöttin Isis steht. Diese wird, und das wird jetzt niemanden mehr wundern, auch mit einem Schlangenstab dargestellt und besaß große magische Macht. Weisheit und magische Kraft assoziierte man damals also auch mit der Schlange.

Noch heute werden in Ägypten gelegentlich Schlangentänze von Bauchtänzerinnen aufgeführt. Ein Usus, der auf alte Fruchtbarkeitstänze zurückgeht.

Im alten Sumer war es ganz normal, daß Frauen die Göttin in sexuellen Riten verehrten. Sex war damals kein sündiges Gebaren. Man schätzte und genoß ihn als Geschenk der angebeteten Göttin an die Menschen. Man sah im Sex eine Form von Magie (was er ja faktisch auch ist), die den Menschen zur göttlichen Erleuchtung führen konnte. Die stark sexuell gefärbten Fruchtbarkeitstänze wurden von speziellen Tempelpriesterinnen aufgeführt. Sie wurden als die *Nu-Gig*, die Reinen, Unbefleckten, bezeichnet. Später wurden sie zu *Qadishtu*, heiligen Frauen, die, selbst wenn sie schon verheiratet waren, Männern sexuelle Dienste schenkten. Sie standen in hohem Ansehen und waren sehr stolz auf ihre Arbeit als Tempelpriesterin. Sie durften an heiligen Sexzeremonien teilnehmen, so wie es viele anderen Frauen aus ihrer Familie auch getan hatten. Eine Tempelpriesterin war alten Berichten zufolge, in der Regel eine außerordentlich gute Ehefrau, vermutlich aufgrund des Vergnügens, welchen sie beim Sex empfand und auch aufgrund ihrer reichhaltigen Erfahrungen.

Schlangenbeschwörung

Das Beschwören von Schlangen stammt aus den Zeiten der weiblichen Schamanen, die Schlangenkulten angehörten. Tägliche Schlangenbisse machten sie immun gegen das Gift. Manche wurden sogar süchtig danach.

Vor kurzer Zeit erst ist in Indien ein Mann verstorben, nachdem er eine Schlange gefangen und während eines orgiastischen Tanzes die Schlange zu küssen begann und dabei laut rief, er sei Shiva, der Gott der Unterwelt, der häufig mit Schlangen abgebildet wird. Die Schlange war darüber gar nicht erfreut. Sie reagierte sogar ausgesprochen zornig und schickte den Mann auf direktem Weg ins Reich der Toten. Nachdem sie den Mann gebissen hatte, starb aber auch die Schlange an einer Vergiftung. Womöglich hatte der Gebissene eine zu hohe Dosis Feuerwasser für die Schlange im Körper.

Eine ähnliche Freizügigkeit mit Sexualität kannte man in vielen Kulturen. Die Schlange als Phallussymbol, verehrt von Tempelpriesterinnen, war ein allgemein bekanntes Bild.

In der Nähe von Skopje, Mazedonien, wurde noch vor dem 2. Weltkrieg alljährlich ein skurriles Ritual vollzogen. In dieser Gegend leben die gefährlichsten Schlangen Europas. Die Frauen reizten die Schlangen indem sie sie lockten, Krach machten oder sie direkt bedrohten, damit die Schlangen über ihre am Boden ausgebreiteten Kleider krochen. Auf diese Weise sollte die Fruchtbarkeit der Frauen wie die ihrer Männer magisch beeinflußt werden. Und wenngleich man glaubte, daß die Schlangen an den beiden Tagen des Rituals (14. und 22. März) keine direkte Gefahr darstellten, war das ganze Ritual doch nicht ohne Risiko. Nachdem die Schlangen über die Kleidung gekrochen waren, wusch man die Kleider in Wasser. Das Waschwasser war für die Ehegatten bestimmt, die sich damit ebenfalls wuschen. Im Jahr darauf sollten die Frauen dann ein Kind gebären.

Die Vernichtung der Göttin

Im Alten Testament finden sich wieder und wieder Drohungen gegen Anhänger der Göttin. Letztlich ist dieser Text eine Mixtur aus sumerischen und jüdisch-hebräischen Erzählungen, die aber offensichtlich verändert und dem Zeitgeschmack angepaßt worden sind, wie es alten Geschichten häufig geht. Jetzt, wo immer mehr sumerische Tontafeln entziffert und übersetzt werden, erfahren wir auch mehr über den Ursprung der Religionen und die Grundlagen, auf der unter anderem unsere Bibel basiert.

Die Schöpfungsgeschichte der Genesis handelt von Adam und Eva im Garten Eden, in dem eine Schlange Eva zum Verzehr des Apfel verführte. Der Apfel wuchs am verbotenen Baum der Erkenntnis. Eva, ehedem aus der Rippe Adams erschaffen, aß dennoch von dem Baum und gab auch Adam davon ab. Zur Strafe wurden sie aus dem Paradies vertrieben.

Seither ist die Schlange als Verführerin ein Symbol des Bösen. Schließlich war sie Schuld, daß die Menschen zum Leben auf der Erde verdammt sind und nicht das Paradies genießen können.

Diese Geschichte klingt wie der Versuch, die Frau als solche und die Göttin vom Sockel zu stoßen. Die zugrunde liegende Geschichte, wie sie auf sumerischen Tontafeln gefunden wurde, erzählt die Geschichte anders. Einer der sumerischen Götter, Enki, ist der Herr der Erde und der Unterwelt. Um tiefere Erkenntnis zu erlangen, aß er von acht Pflanzen. Prompt wurde er krank. Die Muttergottheit Ninhursag, die den Menschen Adam aus Ton erschuf (siehe dazu *Das magische Buch vom Mond*), wußte seine acht kranken Körperteile zu heilen und machte daraus Göttinnen. Eine davon war eine Rippe namens Nin-ti, später veränderte sich ihr Name in Inanna. Die Rippe zeigt Ähnlichkeiten mit der Mondsichel und ist zugleich das Symbol der kanaanitischen Göttin Chawwah (Eva).
Die Hebräer schrieben diese Geschichte so um, daß es sich anhört, als sei die Anbetung einer anderen als ihrer (männlichen) Gottheit die Ursache für die Vertreibung aus dem Paradies.
Die Göttinnenkulte wurden letztendlich immer mehr unterdrückt, was durchaus auch mit blanker Gewalt unterstützt wurde. Keine Tempelpriesterinnen mehr, keine freizügigen sexuellen Riten mehr, keine Feste mehr, in denen Sexualität öffentlich zelebriert wurde, was ja zuvor ein Weg zur Einswerdung mit dem Göttlichen war.
Die drei großen Weltreligionen entstanden innerhalb kurzer Zeit. Vom weiblichen Prinzip war keine Rede mehr, es galt das männliche Prinzip. Als ob nicht die ganze Natur aus männlichen wie weiblichen Kräften besteht. Vielen Männern diente die Religion zur Unterdrückung der Frau, wobei sich diese nicht selten in die Rolle der keuschen ‚Eva' zu fügen hat, als Buße für ihre Urmutter, die der Schlange in die Falle getappt war.

Im Falle des Christentums ging es bei der Installation dieser Religion als Massenreligion nicht mehr um die Botschaft von Jesus Christus, es ging vielmehr um Macht, um Beherrschung der Gläubigen. Eine neue Hierarchie entstand. Es gab nur noch einen Gott, und der war männlich. Man sprach über IHN, den Sohn Gottes. Frauen kamen zunächst nicht vor. Später ergänzte man den weiblichen Aspekt in Person der Jungfrau Maria, wobei das Wort Jungfrau eine gänzlich andere Bedeutung bekam, als es sie vorher hatte. Eine Jungfrau war nun ein keusches Mädchen ohne jede sexuelle Erfahrung. Ursprünglich bedeutete Jungfrau aber eine selbständige Frau, die allein sich selbst Rechenschaft schuldig war. Die Göttin war verschwunden, und tauchte sie in irgendeiner Form als natürliche Kraft wieder auf, so wurde sie gleich wieder weggeschoben.

Warum es den Teufel nicht gibt

Die Frau, die Schlange und der Teufel scheinen in den Augen mancher durch ein seltsames Band verknüpft. Wer war der Teufel aber eigentlich? Der Teufel taucht im Alten Testament auf der Bühne der Religion auf. Er ist der Verführer, derjenige, der Veränderung bewirkt, jemand der zum Bewußtsein zwingt.

Die Geschichte von Satan ist gewiß als sonderbar zu bezeichnen. Die klassischen heidnischen Religionen kennen keinen Oberteufel. Es gab Götter, die sich in einer Welt voller böser Wesen, Schlangen, Drachen und anderem düsteren Volk aufhielten. Oft stellten diese die dunkle Seite eines bestimmten Gottes dar. Manchmal wurde die böse Rolle durch einen Zwillingsbruder oder eine Zwillingsschwester ausgefüllt, manchmal war es ein Bruder oder eine Schwester im Kampf. Die alten Völker wußten, daß ihre Götter keine reinen, hehren Ziele hatten, sondern sowohl helle wie dunkle Seiten hatten, wie alles in der Natur zwei Seiten hat. Und sie wußten, daß beide Seiten miteinander um Harmonie ringen.

Der Zoroaster-Glauben war die erste Religion, in der von einem guten und einem bösen Gott die Rede war. Er hatte ebenso wie die sumerischen Schriften einen großen Einfluß auf die spätere Bibel. Die Dualität, der Streit zwischen den Polen innerhalb eines Charakters und der gesamten Natur, zeigt sich in der Geschichte um Ahriman und seinen Zwillingsbruder Ahura-Mazda.

Ahura-Mazda schuf die Sonne, den Mond, die Sterne und den guten Geist. Anschließend schuf er den ersten Menschen auf Erden, der die Funktion eines Feuerpriesters erhielt: Gayomart. Ahriman vergnügte sich auf seine eigene Weise und erschuf Dämonen. Er schuf auch ein Tor in der Luft, durch das er Hunger, Tod, Krankheit, Schmerzen und Lust auf die Erde ausgoß. Zur Strafe schloß Ahura-Mazda seinen Bruder in seine Schöpfung (das Leben auf der Erde) ein, wo er weiterhin

sein Unheil anrichtete. Feuer, welches Reinheit und Wahrheit symbolisiert, ist im ganzen Reich Ahura-Mazdas vorhanden.
Im Alten Testament finden wir zwar einen Satan, der aber ist ein Helfer Gottes. Der Name Satan stammt vom hebräischen Wort *stn*, daß ‚der Gegner' bedeutet, ‚derjenige der Hindernisse aufstellt'. Das stimmt mit seiner Rolle im Alten Testament überein, wo er die unangenehmen Kleinigkeiten zu erledigen hat. Jahweh ist im Alten Testament ein dualistischer Gott, mit sowohl guten als auch schlechten Seiten, so wie der Mensch auch beide Seiten hat. Im Neuen Testament heißt es dann plötzlich: Gott ist ganz und gar gut. Der Teufel verwandelte sich vom Helfer Gottes in eine ganz und gar gefährliche Figur, eine Bedrohung für die Menschheit. Satan wurde plötzlich der Sündenbock.

Als das Judentum, das Christentum und später auch der Islam den Westen mit ihren Lehren und mit Feuer und Schwert überrannten, wurde das Praktizieren von freiem Sex verboten. Auch das Heidentum wurde verboten. Da Sexualität seitens der Kirche unerwünscht war, wurde der Fruchtbarkeitsgott Pan, mit seinen Ziegenbart und Bockhörnern als Teufel gebrandmarkt. Das riecht sehr nach Volksverdummung, aber das durchschnittliche Volk fiel auf diese Geschichte herein, gefügig gemacht mit Angst und grimmigem, dummem Geschwätz wie etwa dem *Malleus maleficarum* (s.o.). So begann eine der bizarrsten Perioden unserer Geschichte.

Die grausamen Aspekte Satans erreichten im Mittelalter einen Höhepunkt, sollten aber unter dem Einfluß grauenhafter menschlicher Phantasien unvorstellbare Ausmaße erreichen. Das führte zum Feuertod Tausender Menschen, die einer anderen Überzeugung anhingen. Die Scheiterhaufen sollten das Fegefeuer versinnbildlichen, in dem nach christlicher Auffassung die Menschen von der Sünde geläutert werden.

Zufällige Zahlen...
Das Alte Testament läßt sich in Teilen auf sumerische Texte zurückführen. Die darin beschriebenen Sünden sind negative Charaktereigenschaften, denen man nur zu gerne nachgibt. Satan ist der Verführer auf

dem Lebensweg, der, ‚der Hindernisse schafft'. Alles Böse wird dem Teufel zugeschrieben, er ist das Synonym für das Übel in der Welt.
Nach der Apokalypse des Neuen Testaments kann man die Gefolgsleute des Teufels an bestimmten Merkmalen erkennen: der Zahl 666 eingebrannt auf ihrer rechten Hand oder auf ihrem Hinterkopf. In der Apokalypse steht geschrieben: ‚Wer Verstand hat, berechne den Namen des Tieres oder die Zahl seines Namens. Denn es ist die Zahl eines Menschen(namens), seine Zahl ist 666' (Offb. 13,10). Eine weitere Auslegung dieser Zahl gibt die Bibel nicht. Man könnte sie aber heute wie folgt berechnen. Fast alles bewegt sich in Wellenlinien und Zyklen. Um einen Punkt auf einer Wellenlinie zu ermitteln, berechnet man den Sinus. Eine einfache Formel bringt uns dann folgendes Ergebnis:

-sin(666) x 2 = 1,618 = die Zahl des Goldenen Schnitts

Wenn Sie den negativen Sinus von 666 nehmen und mit 2 multiplizieren, erhalten Sie genau die Verhältniszahl des goldenen Schnittes. Der Goldene Schnitt bezeichnet das perfekte Verhältnis von allem, was wir sehen: Erde, Sternensystem, Menschen, Blumen, Planeten. Übrigens ist das Sehen auch eine mit dem Element Feuer verbundene Eigenschaft. Der Goldene Schnitt beschreibt also die natürliche Perfektion, soweit wir diese wahrnehmen können.
Die Chance, daß diese Formel nur zufällig bis auf neun Stellen hinter dem Komma stimmt, so wie bei der Zahl 666, ist so gut wie ausgeschlossen. Das kann kein Zufall sein, diese Zahl muß etwas mit dem Goldenen Schnitt zu tun haben.
Die Zahl des Tieres, welches alles Verwerfliche repräsentiert, wäre demnach die Zahl, welche unsere gesamte sichtbare Realität beschriebe. Das beinhaltet Gefangenschaft, Ängste, Unvollkommenheit, Kummer, Schmerzen, Schwierigkeiten, Verführung usw. Das ist die materielle Dimension, die Hölle aus der Bibel. Es ist also wahrscheinlich, daß die Zahl 666 das irdische Leben und alles, was dazu gehört, vor allem aber den Menschen selbst beschreibt. Der Mensch selbst wäre also demnach der Teufel…

> Die mathematische Sinusfunktion wurde in Indien entdeckt. Ein Sinus ist, verkürzt gesagt, eine Zahl, die einen Punkt auf einem Kreis darstellt.

Die Feuerschlange

Die Abschaffung des unbeschwerten Erfahrens von Sexualität hatte für den Westen ausgesprochen große Folgen. Ihre Spiritualität rückte in weite Ferne, wenn man auch immer wieder versuchte, sie wieder zu erlangen. Diese Unterdrückungsgeschichte bewirkte dann letztendlich einen enormen Wandel: Die Frauen akzeptierten die Unterdrückung seitens der Männer nicht mehr und probten den Aufstand. Vor allem die feministischen Bewegungen brachten diesen Prozeß in Gang. Jetzt kommen immer mehr mündige Frauen dazu und pochen auf ihre eigenen Rechte. Langsam gewinnen die Frauen wieder an Terrain. Die moderne Hexerei, die vor allem die weibliche Spiritualität anzusprechen scheint, ist momentan hoch im Kurs.

In der Hippiezeit, der Flowerpowerperiode, die mit einer der wichtigsten Errungenschaften des 20. Jahrhunderts, der effektiven Schwangerschaftsverhütung durch die Pille, zusammenfiel, wurde Sex wieder ein heißes Thema. Alles sollte gehen und alles erlaubt sein. Auf der Suche nach Spiritualität beschäftigten sich die Menschen immer stärker mit östlichen Philosophien. In vielen östlichen Ländern, etwa in Tibet, China und Indien, ist Sex im Gegensatz zu unserer westlichen Gesellschaft, ein völlig normaler, spiritueller Bestandteil des Lebens. Ein Weg, Erleuchtung zu erfahren.
Heute wird Tantra (S. 46) immer bekannter. Shakti und Shiva verkörpern das weibliche und das männliche Prinzip und verschaffen auf feurig-spielerische Weise dem westlichen Mensch wieder das Bewußtsein der eigenen Sexualität.
Mit dem Tantra können Sie das ‚Schlangenfeuer' wieder entfachen. Man nenne es auch die Kundalini-Energie. Diese wird in Gestalt einer zusammengerollten, unter dem untersten Chakra schlafenden Schlange beschrieben. Ist sie einmal erwacht, dann schießt eine enorme Feuerkraft die Chakren entlang empor und bringt Sie in den siebten Himmel. Diese Energie kann befreien, ist aber leider nicht ganz ungefährlich. Man sollte eben mit allen Formen des Feuers vorsichtig umgehen.

Im Beispiel von Eva und dem Baum der Erkenntnis ist es die Schlange, die eine Entwicklung in Gang setzt. Erde und Feuer sind eng miteinander verbunden. Auf der Erde wird man durch die vielen Schwierigkeiten im Leben ständig zu Veränderungen gezwungen. Luft, Wasser und Feuer haben Eigenschaften, die Bewegung in die feste Form der Erde bringen.
Feuer ist der Weg zur Einweihung. Eine Lebenseinweihung, das meint ein Wachstum, welches durch ein Ritual hervorgehoben werden kann, geht fast immer mit Schmerzen und Mühen einher. Bei Naturvölkern bringt man sich beispielsweise selbst rituelle Verletzungen bei, indem man sich Muster in die Haut brennt. Ein Opfer, welches als Zeichen und Beweis der Einweihung gebracht wird.

Feuer ist notwendig um tatkräftig aktiv zu werden. Damit ist es ein Symbol der Veränderung, genau wie die Schlange selbst. Das Abstreifen ihrer alten Haut und der Übergang in eine neue ist kennzeichnend für die Schlange. Dieser Vorgang fasziniert den Menschen zeitlebens. Dieser Gestaltwandel könnte metaphorisch für die Wiedergeburt und für die Wechselfälle des menschlichen Lebens stehen.

Kann man das Leben auf der Erde als ein Leben in der mythischen Unterwelt betrachten?
Die Gemeinsamkeiten geben zu denken, sind zumindest bemerkenswert. Hier auf der Erde scheinen wir in materialistischem Denken gefangen zu sein, jeder hat mit Prüfungen zu tun, an denen wir wachsen, die aber auch nicht aufhören, wenn wir uns nicht ändern, transformieren. Da kann man schon Vergleiche ziehen.

FEUER IN DER ASTROLOGIE

Das Element Feuer gehört zu den Tierkreiszeichen Widder, Löwe und Schütze, zum ersten, fünften und neunten Haus. In der Astrologie gibt es zwölf Häuser, oder Lebensgebiete, die jeweils mit den Tierkreiszeichen, den Elementen und den Planeten verbunden sind. Jedes Zeichen gehört zu einem Haus bzw. einem Planeten. Die Planeten und Häuser werden in den Büchern dieser kleinen Elemente-Serie nur kurz behandelt.

Widder

Feuerzeichen, regiert vom Planet Mars
Tag: Dienstag
Magische Wirkung: Schutz, Mut, Beginn, Angelegenheiten, die mit dem Selbst und der Persönlichkeit sowie mit dem Willen, der Beharrlichkeit, Energie und Kraft, Wettbewerb, Streit, Kampf und Krieg zu tun haben.
Stein: Hämatit, roter Jaspis, Feueropal, Rubin, roter Turmalin
Kräuter: Pfeffer, Paprikapulver
Öle: Ingwer, Zeder, Kiefer, Pfeffer, Basilikum
Metall: Eisen
Farbe: rot
Körperteil: Kopf
Besonders empfindlich für: Migräne, Entzündungen, hohes Fieber, 'feurige' Krankheiten (Fieber, rote Ausschläge), Blutarmut

Sonne in Widder (21. März - 19. April)

Sie sind eine temperamentvolle, herzerfrischende Persönlichkeit, die sofort tut, was ihr in den Kopf kommt. Leider ist ihre Energie nur von kurzer Dauer und Sie beenden eine Sache sofort, wenn Sie genug davon haben. Nichts und niemand kann Sie dann dazu bewegen, das einmal Begonnene auch zu beenden. Meistens verfügen Sie über einen gesunden Humor und sind der Sonnenschein für andere. Als echte Stimmungskanone gehen Sie sofort gegen schlechte Laune an, bis sich die Sonne wieder zeigt. Lange still sitzen können Sie nicht. Daher ist eine Arbeit hinter dem Schreibtisch auch nichts für Sie. Wählen Sie lieber einen Job, in dem Sie sich richtig austoben können. Sie sind ein Draufgänger und nichts scheint Ihnen zu risikoreich. Bungee springen? Klar, kein Problem. Und weil es so schön war, springen Sie gleich ein zweites Mal, während andere sich noch nicht vom Schreck des ersten Sprungs erholt haben. Sie sind ungestüm, hinterlassen regelmäßig irgendwo Scherben und als Hobby wählen Sie Sportarten, bei denen der Wettkampf im Mittelpunkt steht: Fechten, Kraftsport, Speerwerfen, Leichtathletik. Ruhig und vorsichtig zu Werke gehen, ist nicht Ihre Sache. Selbst beim Musizieren darf es für Sie ruhig etwas heftiger zugehen. Ein Schlagzeugsolo wäre genau das Richtige für Sie. Am Ende des Tages werden Sie nicht selten völlig erschöpft von Ihrer eigenen Tatkraft und Impulsivität sein. Und doch haben Sie schon wieder den Kopf voll von all den tollen Sachen, die Sie morgen vorhaben...

Aszendent Widder
Sie zeigen Ihre überbordende Energie ganz offen. Menschen sind gerne in Ihrer Umgebung, da Sie so lebendig sind, gern die Vorreiterrolle übernehmen und unerschrocken neue Unternehmungen angehen. Damit können Sie es aber auch leicht übertreiben. Sie sind auch nicht unbedingt immer so feinfühlig, wie es nötig wäre, und treten damit vielen gehörig auf den Schlips. Manche Menschen weichen dann erschrocken einen Schritt vor Ihnen zurück, wenn man Sie auf einer neuen Mission wähnt, bei der Sie keine Widerstände dulden. Ihr Übereifer und Ihre Streitlust rufen durchaus Verdruß bei anderen hervor. Sie glauben an Ihr heiliges Ziel und wenn es aufrichtig ist, dann schließen sich die Menschen Ihnen aber gerne an.

Mond im Widder
Kraftvoll, eigensinnig, unerschrocken, energisch, impulsiv und leichtsinnig, jähzornig und fanatisch, so ist der Mond im Widder. Sie lieben die Sensation und die Action. Sie haben einen starken Willen und brauchen den Nervenkitzel. Sie handeln, bevor Sie denken und das kann Ihnen schon mal leid tun. Auch sind Sie zuweilen zu flink mit der Zunge und sagen knallhart, was Sie denken, ohne Rücksicht auf Verluste. Eine Ihrer typischen Eigenschaften ist die Ungeduld. Es darf nicht zu lange dauern,

sonst werden Sie ganz unruhig und wollen schon wieder das Heft in die Hand nehmen. Daß Sie dabei auch Schaden anrichten, ist Ihnen gleichgültig, denn über die Folgen Ihres Tuns denken Sie nur selten nach. Sie können sehr aufbrausend sein und Ihre Impulsivität ist berüchtigt. Ihre Ausbrüche kommen plötzlich, aber Sie beruhigen sich auch schnell wieder. Unabhängigkeit steht bei Ihnen hoch im Kurs und Einmischungen durch andere können Sie gar nicht leiden. Manches nehmen Sie sehr persönlich und werden dann sehr böse. Zum Glück dauert auch das nicht lange bei Ihnen.

Löwe

Feuerzeichen, regiert von der Sonne
Tag: Sonntag
Magische Wirkung: Leidenschaften, Vergnügen, Hobbys, Liebesaffären, Unterhaltung, Sport, Kinder, Glücksspiel, das innere Kind, spielen, aufziehen, persönliche Entwicklung, Wachstum, Selbstverwirklichung, Aufmerksamkeit, Showelement
Stein: Rubin, Diamant, Bergkristall, Goldtopas, Granat, Tigerauge
Kräuter und Gewürze: Lorbeer, Rosmarin, Zeder, Zimt, Weihrauch
Öle: Lavendel, Rosmarin, Rose, Neroli, Orange, Bergamotte, Mandarine
Metall: gold
Farbe: goldgelb, gold, orange
Körperteil: Wirbelsäule, Herz, Rücken, Kopfhaar, Blutgefäße
Besonders empfindlich für: Schlaflosigkeit, Muskelkater, Blutarmut, zu hoher oder zu niedriger Blutdruck, Herzprobleme, Sehkraft

Sonne im Löwen (23. Juli – 22. August)

Der Löwe ist der König der Tiere. Es gibt tatsächlich kein anderes Tierkreiszeichen, welches sich in der vollen Wortbedeutung derart königlich darstellt. Sie spielen die Hauptrolle in einem selbstkreierten Theater, in dem die Menschen um Sie herum die Höflinge spielen und Sie wegen Ihrer Heiterkeit, Ihrer leidenschaftlichen Liebe zum Leben anbeten und Sie für Ihre stolze, herzliche und liebevolle Haltung ihnen gegenüber lieben. Sie sind die Nummer Eins und Sie werden das immer und überall betonen. Sie sind ein Gesellschaftstier, Sie essen und trinken viel und gern, manchmal zu viel, und machen dann und wann Ihre scherzhaft oder bierernst Ihre Ansprüche geltend. Der Löwe ist eine feurige Person, klug, mutig, gerecht und liebevoll. Aber er hat auch negative Seiten. Ab und zu sind Sie reichlich launisch, stampfen mit den Füßen wie ein ungezogenes Kind, so daß die Höflinge alles tun müssen, um Sie wieder zufrieden zu stellen, vorzugsweise durch ungeteilte Aufmerksamkeit und Vergnügungen. Sie sind ganz wild auf die Sonne und genießen wie Ihr Ebenbild aus den afrikanischen Savannen ihre wärmenden Strahlen. Auf dem gesellschaftlichen Parkett haben Löwen fast immer Erfolg und bekleiden nicht selten führende Posten. Wenn Ihnen das bis jetzt auch noch nicht gelungen ist, sollten Sie sich dennoch keine Sorgen machen. Ihr Geltungsdrang wird Sie schon früher oder später dahin bringen, wohin Sie wollten.

Aszendent Löwe

Fröhlich, strahlend wie die Sonne und selbstsicher, daran kann man den Menschen mit Aszendent Löwe erkennen. Sie sind ein flinker Redner und sind selten um Worte verlegen. Sie wissen sogleich, was zu tun ist, wenn es um schwierige Entscheidungen geht. Als geborener Führer übernehmen Sie schnell das Heft, wenn es nötig wird und eigentlich auch, wenn es nicht nötig ist. In letzterem Fall wollen Sie einfach gern zeigen, was Sie auf dem Kasten haben. Manchmal neigen Sie derart zur Pedanterie, daß andere nur noch genervt die Augenbrauen runzeln können. Besonders dann, wenn Sie sich mal wieder zu sehr in den Vordergrund schieben. Es wird eben nicht gerne gesehen, wenn sich jemand zu sehr aus der Masse erhebt. Für Sie ist es manchmal schon schwierig, Ihre feurige Begeisterung, Ihr Wissen und Ihren Hang nach Erkenntnis einzudämmen. Wenn Sie all dies nicht äußern dürfen, reagieren Sie schnell beleidigt und fühlen sich wie das arme Opfer der Verständnislosigkeit der anderen. Das ist aber für Sie nur nutzlose Energieverschwendung, lassen Sie sich also nicht von solchen Gefühlen hinreißen. Setzen Sie sich lieber für die Dinge ein, die Ihnen wirklich am Herzen liegen. Ihre aufbrausende Energie kann Sie durch manche schwierige Situation leiten, geben Sie sich also nicht mit weniger zufrieden, als Sie wollen. Sie sind charmant, gut gekleidet und gepflegt. Sie haben Charisma und eine Körperhaltung, die Aufmerksamkeit anzieht.

Mond im Löwen

Stolz, Gefühl für Dramatik, liebenswürdig, geltungssüchtig, eigensinnig, herzlich, anhänglich, faul. Sie lieben es, im Rampenlicht zu stehen und lechzen geradezu nach Komplimenten. Manche würden Sie als jemanden bezeichnen, der immer alle Aufmerksamkeit auf sich zieht. Das muß nicht negativ gemeint sein, denn mit Ihrer Herzlichkeit können Sie andere leicht erobern und bezaubern. Allerdings können Sie sehr eigensinnig sein und schlecht einen Fehler zugeben. Damit treiben Sie andere fast zur Verzweiflung. Sie übertreiben auch gerne, um Ihre Geschichten farbiger zu gestalten. Aber auch das wird Ihnen zumeist verziehen, weil es so unterhaltsam ist. Wenn Sie aber in Selbstmitleid verfallen, dann sind Ihre Zuhörer schnell wieder weg. Passen Sie also ein wenig auf. Sie mögen gar keine Probleme, denen gehen Sie lieber aus dem Weg. Wenn Sie etwas für andere tun, dann mit viel Buhei und Sie erwarten auch entsprechenden Dank. Wenn der ausbleibt, dann sind Sie schnell mal wieder beleidigt.

Menschen mit dem Mond im Löwen verfügen in der Regel über einen ausgeprägten Humor und sind gern gesehene Gäste bei Festen, wo Sie jedermann zum Lachen bringen. Eine gesunde Dosis Selbstironie ist ihnen nicht fremd und das macht sie äußerst charmant.

Schütze

Feuerzeichen, regiert von Jupiter

Tag: Donnerstag

Magische Wirkung: Religion, höhere Bildung, lange Reisen, andere Kulturen, internationale Geschäft, Weltanschauung, Vermittlung des eigenen Wissens/der eigenen Überzeugungen an andere (unterrichten)

Stein: Topas, Opal, Lapislazuli, Amethyst, Türkis, dunkelblauer Saphir, Sodalit, Chalzedon

Kräuter und Gewürze: Anis, Gewürznelke, Muskatnuß, Sternanis, Salbei

Öle: Rosmarin, Minze, Anis, Lavendel, Salbei

Metall: Zinn

Farbe: violett, königsblau

Körperteil: Hüften, Oberschenkel, Leber

Besonders empfindlich für: Hüftgelenksbeschwerden, Leberprobleme, Muskelkater, Übergewicht infolge zu üppiger Lebensweise

Sonne im Schütze (22. November – 21. Dezember)
Als Mystiker sind Sie stets auf der Suche nach dem Sinn des Lebens und Sie hören nicht auf, sich in allerlei spirituelle Themen zu vertiefen. Unternehmungslustig, neugierig, wißbegierig, reise- und abenteuerlustig, das sind Eigenschaften, die ganz und gar zum Schützen gehören. Alles, was mit anderen Kulturen zu tun hat, weckt Ihr Interesse. Sie kaufen sich ein Reisemagazin für den Zug, um ein wenig von anderen Ländern zu träumen, selbst wenn Sie gar nicht die Absicht haben, in nächster Zeit dorthin zu reisen. Sie lieben das multikulturelle Zusammenleben in der Stadt und haben vermutlich einen entsprechend bunt gemischten Freundeskreis, dem sicher etliche Ausländer angehören. Einkaufen im Supermarkt oder auf dem Markt bedeutet für Sie, exotische Gemüse oder Früchte zu entdecken und zu probieren. Lieber essen Sie ein exotisches Gericht vom anderen Ende der Welt als einen gewöhnlichen Eintopf aus der Region, wo Sie leben. Ebenso wie die anderen Feuerzeichen können Sie nicht still sitzen, es sei denn Sie sind mit Bus oder Bahn unterwegs. Dabei können Sie schön aus dem Fenster schauen, alles aufnehmen und sich von philosophischen Gedankengängen davon treiben lassen. Sie machen aus Ihrem Herzen keine Mördergrube und sagen stets, was Sache ist, auch wenn Sie dabei manchmal taktlos und verletzend sein können. Sie meinen es aber meist nicht so, wie Sie es sagen. Sie mögen nun einmal die Ehrlichkeit. Aufgrund Ihrer festen Überzeugungen wirken Sie oft sehr abweisend auf anders Denkende, die Sie ihrerseits zu überzeugen versuchen. Sie legen Ihre ganze Begeisterung in diesen Versuch, da Sie andere gerne so glücklich wie sich selbst sehen möchten (Sendungsbewußtsein).

Aszendent Schütze
Sie haben einen ungeheuren Drang nach Freiheit. Ihr Handeln ist offen und frei, Sie sind neugierig und idealistisch. Sie sind sehr ausdauernd und selbst wenn Sie die halbe Welt durchreisen müßten, um Ihr Ziel zu erreichen, werden Sie es tun. In jeder Reise sehen Sie eine wichtige Lebenslek-

tion, durch die es viel zu lernen gibt, worauf Sie sich freuen. Manchmal fällt es Ihnen schwer zu bestimmen, was Sie wirklich wollen, weil Sie gerne zwischen Idealen und Realitäten schwanken und sich nicht recht entscheiden können. Das macht Sie zu einem Menschen, mit dem es nicht leicht ist, zusammenzuleben. Gerne geben Sie den Moralisten, heben schulmeisterlich den Finger und verkünden Ihre Ideen. Manch einer kehrt Ihnen dann den Rücken. In einem früheren Leben standen Sie wahrscheinlich auf einer Gemüsekiste und predigten an der Straßenkreuzung den Menschen, eine Neigung, die Sie noch heute verspüren.
Glücklicherweise sind Sie ein enthusiastischer Mensch, eine geselliger Gesprächspartner, der gerne in der Kneipe ein Bierchen trinkt. Wenn Sie es auch nur deshalb tun, weil Sie dringend etwas Neues mitzuteilen haben.

Mond im Schützen
Idealistisch, optimistisch, fröhlich, neugierig, eigenständig, wißbegierig, philosophierend, bündnisfähig, humorvoll, sportlich. Sie sind begeistert und können andere begeistern, eine richtige Stimmungskanone. Ihre emotionalen Bedürfnisse werden meist erst dann völlig befriedigt, wenn Sie sich mit Leib und Seele der Religion oder transzendenten Wissenschaften widmen. Auch für fremde Kulturen interessieren Sie sich brennend. Sie können völlig in einem Buch aufgehen, wenn es von fremden Völkern, Kulturen und deren Religionen handelt. Sie genießen es, wenn Sie anderen Menschen von Ihrem Land und Ihrem Glauben erzählen können.
Sie haben einen ausgeprägten Freiheitsdrang und werden kaum je irgendwo lange verweilen. Ihre Sehnsucht treibt Sie immer wieder zu neuen Entdeckungen. Ihr Freiheitsdrang kann aber auch zu einem ausgeprägten Fluchtverhalten umschlagen. Auch Ihre Intoleranz anderen gegenüber ist ein negativer Zug.

Feuerhäuser
Ein Tierkreiszeichen 'wohnt' in einem Gebiet, welches weitere Einsichten in die Verhältnisse gibt. Diese Gebiete nennt man in der Astrologie *Häuser.*

Das 1. Haus – die Persönlichkeit, die Art und Weise, wie man sich zeigt
Das 5. Haus – Wille, Kreativität, Sportlichkeit, Spiel, Kinder, persönliche Entwicklung
Das 9. Haus – Kultur, Entwicklung, Politik, Religion und Weltanschauung, Reisen, Studium

Planeten und Feuer

Die Häuser und Tierkreiszeichen werden von Planeten regiert. Ihre Eigenschaften finden sich damit auch in den Elementen wieder. Die komplette Tabelle finden Sie im Anhang *Korrespondenzen Astrologie.*

Jupiter: verbunden mit Schütze, Planet von Vertrauen, Wachstum, Blüte, Weisheit, Glück und Erfolg.
Mars: verbunden mit Widder, Planet von Willenskraft, Eroberung, Energie, Durchsetzungsvermögen und Konfrontation.
Sonne: verbunden mit Löwe, Planet von Bewußtsein, Verlangen, Persönlichkeit, Geltungsdrang und Begeisterung.

Wenig oder kein Feuer

Möglicherweise haben Sie kein oder nur wenig Feuer in Ihrem Geburtshoroskop. Das kann bedeuten, daß Sie Ihre Handlungen sehr genau überdenken und zögerlich und schüchtern erscheinen. Vielleicht träumen Sie ja von schnellen Handlungen, trauen sich aber nicht, aus Angst zu versagen. Das mag dazu führen, daß Sie sich in ein Opferverhalten flüchten. Die Übungen auf S. 80 helfen Ihnen, Ihre Energie besser zu verteilen.

Viel Feuer

Zu viel Feuer im Horoskop kann dafür sorgen, daß Sie sehr ruhelos und ungeduldig sind. 'Besserwisser' steht in feurigen Buchstaben auf Ihrer Stirn geschrieben und obendrein sind Sie vermutlich nicht sonderlich taktvoll. Sie strotzen vor Selbstvertrauen und denken, die Welt warte nur auf Ihre Ideen und Meinungen. Und dabei nehmen Sie kein Blatt vor den Mund. Sie neigen dazu, die Arbeit von anderen auf eigene Weise neu zu machen, wenn Sie in Ihren Augen nicht taugte. Widerspruch dulden Sie nicht, Sie sind der Boß!

Erde

+ solide, vertrauenswürdig, praktisch, Durchsetzungsvermögen, zielgerichtet, verantwortungsbewußt, strukturiert
– materialistisch, starr, dickköpfig, unnachgiebig, konservativ, phantasielos, pessimistisch

Feuer

+ Lebensfreude, Begeisterung, Leidenschaft, Heiterkeit, Lebensfreude, Selbstvertrauen, optimistisch, temperamentvoll, leidenschaftlich, fleißig, tatkräftig, kreativ, abenteuerlustig, unternehmungslustig, herzlich
– aufbrausend, übertreibend, snobistisch, jähzornig, fanatisch, ungeduldig, egozentrisch, bringt nichts zu Ende, leichtsinnig, schroff

Wasser

+ emotional, phantasievoll, feinfühlig, kreativ, aufgeschlossen, spirituell, mystisch
– sentimental, lamentierend, launisch, psychotisch, nervös, weinerlich, Opfer, abhängig (von Menschen und Mitteln)

Luft

+ kommunikativ, sozial, unbekümmert, analytisch, philosophisch, originell, intellektuell, neugierig, erforschend, theoretisch, verstandesorientiert, rational
– übertrieben theoretisch, übertrieben analytisch, rationalisierend, Kontrollzwang, neurotisch, gefühllos

Konstellation von Sonne, Mond und Aszendent

Was für ein Mensch Sie sind, ob ein Feuer-, Erde-, Luft-, Wassertyp ober eine Kombination von allem, können Sie an der Konstellation von Sonne, Mond und Aszendent in Ihrem Geburtshoroskop ablesen. Die möglichen Kombinationen finden Sie in der Tabelle. Steht Ihr Mond in einem Wasserzeichen, Ihr Aszendent in einem Feuerzeichen und Ihre

Sonne (auch als das Tierkreiszeichen bekannt) in einem Luftzeichen, dann können Sie in der Tabelle nachschlagen, welche positiven und negativen Eigenschaften die Kombination Luft - Wasser - Feuer hat. Wenn auch die übrigen Planetenstellung nicht unwichtiger sind, so zeigen Sonne, Aszendent und Mond doch wesentliche Kernpunkte: Wie und was Sie sind (Sonne), wie es mit Ihrem Gefühlsleben bestellt ist (Mond) und wie Sie sich verhalten (Aszendent). Der Aszendent ist das Tierkreiszeichen, welches zum Zeitpunkt Ihrer Geburt am östlichen Horizont erscheint. Diese drei liefern die wesentlichen Indikatoren für Ihren Typ. Die anderen Tierkreiszeichen, Planeten und Häuser stehen für eine Gesamtübersicht ebenfalls dabei.

> Den Mond finde ich derart faszinierend, daß ich ihm bereits ein ganzes Buch gewidmet habe: *Das magische Buch vom Mond.* Weitere Informationen über den Mond in den Tierkreiszeichen und Häusern Ihres Geburtshoroskopes finden Sie dort oder in den Ephemeriden. Wer sich intensiver mit Astrologie befassen möchte, sei auf die umfangreiche Literatur verwiesen. Sie können natürlich auch einen erfahrenen Astrologen aufsuchen, der Ihnen noch mehr über Sie erzählen wird.

Tabelle Einfluß der Elementeverteilung

Erde Wasser Luft Feuer

Sonne | Mond | Aszendent

+ Sehr viel Selbstvertrauen, optimistisch, fröhlich, begeistert, leidenschaftlich, sportlich.
– Schnell beleidigt, Primadonna-Verhalten, überstürzt handeln.

+ Sportlich, mutig, findig, übernimmt das Ruder, unternehmungslustig, offenherzig.
– Verwegen, egozentrisch, Freiheitsdrang, angeberisch, handelt überstürzt.

+ aufbrausend, feurig. Ein wenig mehr Sachlichkeit kann Ihren leicht entflammbaren Charakter etwas temperieren. Diese Konstellation kann große Pläne realisieren.
– Luftigkeit und Emotionen (Wasser) sind nötig, um tiefe Gefühle erträglicher zu machen.

+ Handelt gefühlsmäßig, aufrichtig. Energisch mit Hang zum Wettstreit, allerdings nicht zu jedem Preis.
– Selbstüberschätzung, pompös. Findet sich selbst so toll, daß er andere damit vor den Kopf stößt. Spielsüchtig, gewalttätig, unrealistisch. Rechthaber.

+ Überredungskraft, Vorstellungsvermögen. Kann geistreich schreiben und erzählen.
– Verkehrt in einer eigenen Welt. Unerreichbar und selbstgerecht.

+ Vorstellungsvermögen, starke Phantasie, problemlos im Umgang. Gutes Konzentrationsvermögen.
– Eigensinnig, verantwortungslos, passiv, beeinflußbar. Tagträumer. Gibt schnell auf.

+ Nüchtern und ruhig, praktisch, kreativ, begeistert, fröhlich, einfühlsam.
– Schwierigkeiten beim Umsetzen der Theorie in die Praxis.

+ Sozial, charmant, originell, geistreich, impulsiv.
– Nervös, flatterhafte Aufmerksamkeit, kann sich nicht lange konzentrieren, schroff.

+ Analytische Fähigkeit kombiniert mit Sachlichkeit und etwas Sehnsucht.
– Emotionen und Einfühlungsvermögen werden vernachlässigt.

+ Beharrlich und ruhig. Geht alles ganz sachlich an. Feuer gibt mehr Energie und Begeisterung.
– Begeisterung ebbt schnell ab.

HARMONIE FINDEN MIT DEM ELEMENT FEUER

Jedes Element ist in Ihrem Körper gegenwärtig. Es ist aber sehr selten, daß sie alle gleichmäßig verteilt sind. In Ihrem Geburtshoroskop können Sie genau ablesen, wie die Elemente verteilt sind. Manchmal ist ein Element kaum oder gar nicht vertreten, während ein anderes dominiert. Das ist nicht schlimm, denn die Lektionen des Lebens, die damit verbunden sind, sind wichtig für Sie. So gesehen können Sie selbst auf eigene Weise in Balance, in Harmonie kommen. Allerdings geraten Sie in Streßsituationen aus Ihrem normalen Gleichgewicht, weil ein Element plötzlich in den Vordergrund drängt oder völlig verschwindet.

Nun ist das Geburtshoroskop nicht die einzige Möglichkeit herauszufinden, wer Sie sind. Schauen Sie, ob Sie sich in einer der folgenden Beschreibungen wiederfinden. Auch Verhaltensweisen, die Ihnen völlig gegen den Strich gehen, können Hinweise geben. Mit Übungen können Sie Ihr Gleichgewicht wiederfinden.

Element Feuer ausgewogen:
aktiv, kreativ, mutig, vertrauensvoll, begeistert, leidenschaftlich, männlich, ritterlich, selbstsicher; Kontrolle, Anpassungsvermögen, entschlußfreudig, Führungsqualitäten, Redegewandtheit, fleißig, integer, Willenskraft, energisch, rein, heftig, leicht, lebendig, schöpferisch, charismatisch, erwärmend.

Element Feuer unausgewogen:
1. Zu viel Feuer
Folge: Hyperaktiv, wütend, überschätzt sich selbst, denkt nicht nach, waghalsig, gierig, arrogant, egozentrisch, reizbar, unruhig, destruktiv, manisch, pedantisch, überlegen, dominant, übertreibend, sexsüchtig, taktlos, genußsüchtig. Magenbeschwerden, Labilität, Herzrasen, Schlaflosigkeit, suchtgefährdet.

Ausgleich durch Ernährung: Meiden Sie würziges Essen. Greifen Sie lieber zu frischem Obst (keine sauren Früchte, Bananen oder Pfirsiche) und rohem, gekochtem oder gedünstetem Gemüse. Lieber keinen Alkohol oder Kaffee, gern aber ungesüßten Kräutertee. Nicht mit Honig süßen, denn der weckt das Feuer. Essen Sie Eis, das kühlt das Temperament ab, ebenso kühle Getränke. Essen Sie so wenig Fleisch wie möglich, wenn dann grillen Sie es. Auch Bohnen, Nüsse und Öl sollten Sie meiden. Kümmel, Anis, Kardamom und Pfefferminze eignen sich als Gewürze.
Ausgleich durch Übungen: Beruhigende Übungen wie Yoga und Tai Chi, aber auch Meditation. Vermeiden Sie Stress. Gönnen Sie sich rechtzeitig eine Ruhepause und arbeiten Sie nicht bis zum Schlafengehen durch. Lesen Sie lieber noch etwas. Strukturieren Sie Ihr Leben. Als Sport kann Boxen helfen, Ihre Feuerenergie zu lenken. Machen Sie aber keine Wettkämpfe.

2. Zu wenig Feuer

Folge: Mangel an Energie, negativ, lustlos, depressiv, ängstlich, introvertiert, apathisch, passiv, Kommunikationsprobleme, müde, kein Durchsetzungsvermögen, schwaches Konzentrationsvermögen, haßt Veränderungen.
Ausgleich durch Ernährung: Leichte, trockene, pikant gewürzte Nahrung, kombiniert mit leicht sauren Zutaten wie Zitrone oder Joghurt. Die indonesische, thailändische und indische Küche sind ideal für Sie. Verwenden Sie wenig Fleisch und nicht zu viele Milchprodukte. Essen Sie kleine Häppchen, in denen Honig verarbeitet ist. Cayennepfeffer, Ingwer, Gewürznelke und Senf sind die idealen Gewürze.
Ausgleich durch Übungen: Wählen Sie ein kraftvolle Kampfsportart wie Karate, Judo oder Aikido. Von Krafttraining ist abzuraten! Gärtnern, spazierengehen, schwimmen und radfahren sind dagegen zu empfehlen.

Schauen Sie, ob Sie sich in den folgenden Beschreibungen erkennen. Wenn einer dieser Typen dominiert oder kaum präsent ist, dann sollten Sie einen Ausgleich anstreben. Hilfreich ist es, genau das zu tun was Ihnen am meisten widerstrebt und die Dinge zu lassen, für die Sie eine besondere Vorliebe haben. Mehr über Ihren Typ erfahren Sie im Kapitel *Feuer in der Astrologie.*

Der Feuer-Typ

Es ist sicher nicht schlecht, ein Enthusiast zu sein, aber allzu viel Begeisterung und Ungestüm sorgt für Scherben. Sie haben die Neigung überstürzt zu handeln und manch einen damit zu überrollen. Zuweilen gehen Sie so in Ihrer Begeisterung auf, daß Sie die Welt um sich herum vergessen. Auf der anderen Seite sind Sie herzerfrischend ehrlich, fröhlich, freundlich und gesellig. Mit diesen Eigenschaften können Sie fast jeden für sich gewinnen. Man lädt Sie gerne zu Festen ein, denn Sie sind eine Stimmungskanone und verschmähen einen guten Schluck und ein gutes Essen nicht. Sie können auch gute Tips für eine passende Garderobe geben und wissen noch aus nichts etwas zu zaubern. Ihr Schlüsselwort ist Umwandlung. Sie selbst sind das sprechende Beispiel dafür. Von überschwenglicher Begeisterung können Sie mir nichts dir nichts in tagelange Lethargie verfallen. Sie fangen voller Begeisterung etwas an und lassen es dann halb fertig liegen. Es gibt schließlich noch so viele andere schöne Dinge zu tun!

Als Feuer-Typ stehen Sie auf alles, was mit Feuer zu tun hat. Sie lieben es, in der Sonne zu braten und wenn Sie erkältet sind, gleicht Ihre Wohnung eher einer Sauna, so sehr heizen Sie ein. Jedes Lagerfeuer ist bei Ihnen in den besten Händen.

Heißblütig und sinnlich, wie Sie sind, übt alles, was mit Sexualität zu tun hat, eine große Anziehung auf Sie aus. Stets finden Sie neue Impulse, das Feuer in Ihrer Beziehung am Lodern zu halten. Keine Mühe ist Ihnen zu schwer, wenn es gilt, neue Wege des Werbens und Liebens zu entdecken. Lange halten Sie es ohne Sex aber auch nicht aus, dann werden Sie unruhig und müssen Ihre aufgestauten Energien anderweitig ablassen, auch wenn das längst nicht so befriedigend für Sie ist.

Etwas mehr Erde kann helfen, dem eigenen Verhalten mehr Struktur zu geben und die Dinge auch einmal ganz nüchtern und sachlich zu betrachten. Ein wenig mehr Wasser sorgt für etwas intensivere Gefühle und gibt Ihnen mehr Einfühlungsvermögen. Ein Hauch mehr Luft kann helfen, ein lahmes Flämmchen wieder etwas heftiger lodern zu lassen und neue Ideen und Unternehmungen auszubrüten. Umfangreichere Beschreibungen und passende Übungen finden Sie in den anderen Elemente-Büchern dieser Reihe.

Der Wasser-Typ

Wenn Sie sich selbst in dem Typ wieder erkennen, der sich von den Wogen der Emotionen in die tiefsten Tiefen und höchsten Höhen tragen läßt, dann sollten Sie sich einmal einem wilden Tanz hingeben, um Ihr Feuer zu regenerieren. Achten Sie aber darauf, daß Sie dabei nicht überkochen! Ein Bauchtanz wäre genau das Richtige, der paßt auch zum Element Wasser und bildet durch seine Sinnlichkeit eine wunderbare Kombination mit der Wildheit des Feuers. Die Super(wo)man-Übung ist für Sie ebenfalls sehr geeignet.

Der Erde-Typ

Sie sind nachdenklich, ruhig, sachlich, möglicherweise etwas träge und hin und wieder dickköpfig. Ein bißchen Feuer hilft, Sie etwas anzuheizen und in Aktion zu bringen. Sobald das Feuer entflammt ist, sind Sie nicht mehr zu halten, denn Feuer und Erde sind eine ideale Kombination. Auch für Sie kann tanzen eine schöne Übung sein, wählen Sie aber afrikanischen Tanz oder einen Spiraltanz. Geduld haben Sie genug, also versuchen Sie es doch einmal mit einem Mandala aus Sand. Mit der Ski-Übung können Sie Ihr Feuer mehr aus sich heraus lassen.

Der Luft-Typ

Wenn Sie intellektuell sind, den Dingen gerne auf den Grund gehen und analysieren für Sie eine hohe Kunst ist, dann sind Sie wohl ein Luftmensch. Damit können Sie es aber auch übertreiben.
Einige Flammen könnten Sie wohl bezüglich Ihrer Kommunikationsfähigkeit gebrauchen, vor allem wenn Sie dazu neigen zu dozieren und theoretisieren. Für Sie ist die Blasebalg-Übung perfekt. Oder wählen Sie eine Übung, in der Sie zugleich singen und tanzen.

Was Sie tun können

Tanzen

Tanzen ist die Methode erster Wahl, um Energien zu wecken. Tanzen Sie ganz so, wie es Ihnen am besten gefällt, beispielsweise drehen Sie sich mit nackten Füßen in großen Kreisen in einem Spiraltanz, oder drehen Sie sich einfach wirbelnd um die eigene Achse. Als Kind haben

Sie das vermutlich oft getan. Als Erwachsene vergessen wir leider häufig, wie herrlich und befreiend das Tanzen sein kann. Mehr dazu und einige Übungen finden Sie auf S. 41.

Sandmandala

Sehr beruhigend ist das Anfertigen eines Mandalas aus verschiedenfarbigem Sand. Verwenden Sie dazu Vogelsand (aus der Zoohandlung), geben Sie jeweils etwas in verschiedene Schalen und fügen Sie dann feingemahlene farbige Kreise dazu.
Streuen Sie das Mandala am besten auf ein großes Holzbrett. Malen Sie sich vielleicht zuvor mit Kohle eine kleine Skizze darauf, die Sie dann mit dem farbigen Sand ausfüllen. Mit kleinen Holzspießen, einem Messer, einem Strohhalm oder ähnlichem können Sie zusätzliche Nuancen und Strukturen in Ihr Sandmandala bringen.
Schauen Sie es eine Weile an, wenn es fertig ist, was durchaus einige Stunden dauern kann. Schütten Sie dann den Sand in eine Tüte und streuen Sie ihn in einem Ritual an einem besonderen Ort aus, als Opfer für die vier Elemente beispielsweise.

Machen Sie Schmuck für sich selbst

Verwöhnen Sie sich doch einmal mit etwas ganz besonderem. Fertigen Sie für sich selbst einen schönen Schmuck aus Edelsteinen, etwa Rosenquarz, Lapislazuli, Türkis oder Malachit. So können Sie Ihre Kreativität wecken und tun zugleich etwas Gutes für sich.

Super(wo)man

Mit dieser Übung bringen Sie Ihren Feueranteil wieder in Ausgeglichenheit zu den anderen Elemente. Es geht um Aufwecken und Abstoßen. Ihr Sonnengeflecht (Solar plexus) wird dabei gegen den Boden gedrückt und Energie strömt in die Erde. Legen Sie sich auf den Bauch und strecken Sie die Arme links und rechts vom Kopf geradeaus von sich. Atmen Sie einmal ruhig ein und aus. Beim nächsten Ausatmen heben Sie die Beine mit gestreckten Füßen etwas an. Atmen Sie einmal ein und aus. Beim nächsten Ausatmen lassen Sie die Beine wieder langsam auf den Boden sinken. Das Kinn bleibt dabei die ganze Zeit auf dem

Boden liegen. Sie können den Druck noch erhöhen wenn Sie nicht nur die Beine anheben, sondern auch noch die nach vorn ausgestreckten Arme mit ineinander verschränkten Händen anheben, als seien Sie Super(wo)man, der/die durch die Luft fliegt. Heben Sie das Kinn auch vom Boden ab und entspannen Sie Ihren Nacken.

Oberschenkelübung

Auch mit dieser Übung wecken Sie das Feuer auf und bringen es in Ausgeglichenheit zu den anderen Elementen. Feuer wird im Magen und in den Oberschenkeln festgehalten. Wenn Sie zuviel Feuer haben, bekommen Sie Sodbrennen oder Knieprobleme, letzteres weil Ihre Oberschenkelmuskeln nicht gut entwickelt sind. Durch Training der Oberschenkelmuskulatur können Sie dieses Problem beseitigen. Ski fahren und Schlittschuhlaufen eignen sich dazu ganz besonders.
Stellen Sie sich mit etwas ausgestellten Beinen hin und sinken Sie in die Knie, bis Unter- und Oberschenkel einen 90°-Winkel bilden. Federn Sie in den Knien. Machen Sie das solange, bis Sie genug davon haben.

Ski-übung

Legen Sie sich auf den Rücken, heben Sie die Beine an und beugen Sie die Knie. Die Füße sollen leicht über dem Boden schweben und ihn nicht berühren. Legen Sie die Hände auf die Oberschenkel und atmen Sie ruhig weiter. Sie werden bald Ihre Bauchmuskeln zittern spüren. Versuchen Sie, das solange wie möglich auszuhalten.

Der Blasebalg

Die folgende Übung sollten Sie nicht zu häufig machen. Sie bekommen dadurch eine ungeheure Energie. Atmen Sie ein paarmal tief und ruhig durch. Nehmen Sie dann nur einen kurzen Atemzug und stoßen Sie die Luft ruckweise aus, indem Sie die Bauchmuskeln bewußt stoßweise einziehen. So, als ob Sie einen Fausthieb in den Magen bekommen. Wiederholen Sie das zehnmal. Ihre Bauchmuskeln werden dadurch kräftiger und lockerer.

Übungen zum Zorn abreagieren

- Bis zehn oder hundert zählen.
- Das, was einen ärgert, ins Tagebuch schreiben.
- Spontan und intuitiv zeichnen, was einen zornig macht. Verwenden Sie dabei vor allem die Farben rot und schwarz. Geben Sie vielleicht noch ein paar gelbe oder blaue Akzente hinein und runden die Zeichnung mit leichten Pastelltönen ab.
- Laut schimpfen.
- Schreien.
- In Kissen boxen.
- Ein lustigen Film ansehen, denn das Gegenteil von zornig sein ist lachen.

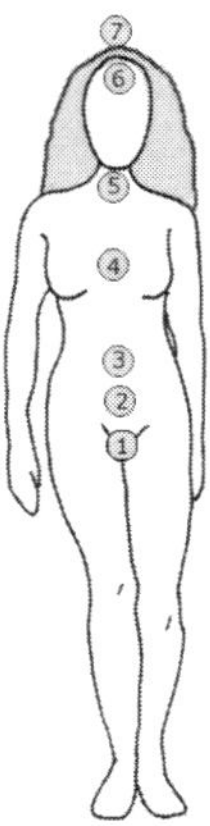

Feuerchakra

Sonnengeflechtchakra/Nabelchakra (3; ästhetisches Bewußtsein)
Sanskrit: *Manipura*
Farbe: *gelb*

Das Nabelchakra gilt unter den sieben Chakren als das Feuerchakra. Wenn es reibungslos arbeitet, strotzen Sie vor Selbstvertrauen und haben ein solides Selbstwertgefühl. Sie strahlen wie eine kleine Sonne und ziehen andere durch Ihre Ausstrahlung an. Wenn es blockiert ist, dann werden Sie unzufrieden, unruhig und versuchen andere zu manipulieren. Ihre Gefühle können gehemmt sein, Sie sind plötzlich sehr aufbrausen und zerstören im schlimmsten Fall sogar Beziehungen. Sie sind dann schnell gereizt und haben sich nicht unter Kontrolle. Es fällt Ihnen schwer, sich zu entspannen. Sie sind enorm aktiv, doch selbst wenn Sie das Ziel erreichen, sind Sie immer noch unzufrieden. Häufig sind Sie dann auch mutlos oder enttäuscht und sehen Probleme, wo keine sind. Sie suchen Bestätigung bei anderen und wagen sich nicht an neue Herausforderungen, weil Sie fürchten, zu versagen.

Übung: Heilend wirkt das Mantra RAM. Visualisieren Sie ein strahlendes, gelbes Licht und lenken Sie es auf Ihr Nabelchakra.

FEUERDIVINATION

Das Element Feuer wird häufig mit Tieropfern in Verbindung gebracht. Dieser Brauch ist uralt und wird noch heute von einigen primitiven Völkern praktiziert. Aus den übrig bleibenden Knochen, zumeist den Schulterblättern, werden dann Vorzeichen abgelesen. In Nigeria werden Tierknochen als Amulette verkauft. Tibetanische Mönchen benutzen das rechte Schulterblatt eines geopferten Schafes zum Wahrsagen. Erst wird es gewaschen und dann beräuchert. Anschließend wird es vor einen Spiegel gehalten und dann unter Absingen von Mantras ins Feuer gelegt. Die erscheinenden Muster haben jeweils eine Bedeutung. Diese Form des Wahrsagen wird Scapulomantie genannt.

Tarot und das Element Feuer

Die Stäbe der Kleinen Arkana[1] stehen für Feuerthemen wie Umwandlung, Tatkraft, Willenskraft und Kreativität.
Legen Sie die Karten nach der Elemente-Methode.

Luft – Schwerter	Feuer – Stäbe
Wasser – Kelche	Erde – Münzen / Pentakel

Berücksichtigen Sie dabei Folgendes: Feuer (Stäbe) und Wasser (Kelche) schwächen einander ab, Erde (Münzen/Pentakel) und Luft (Schwerter) auch. Luft/Wasser und Erde/Feuer sind neutral. Die übrigen Kombinationen verstärken einander. Im Buch über das Element Erde finden Sie ein Beispiel für eine Dreikartenlegung.

Stäbe As

Ein neuer Impuls, die Lust, etwas Neues zu beginnen und tatsächlich anzufangen. Hier wird ein wenig Ungeduld sichtbar. Es geht um Kreativität, Wachstum und Erneuerung.
Schlüsselworte: Chancen, neue Aussichten, Impuls, Fruchtbarkeit, Kraft.

	Feuer *(aktiv)*	Wasser *(passiv)*	Luft *(aktiv)*	Erde *(passiv)*
Feuer *(aktiv)*	verstärkend	abschwächend	verstärkend	neutral
Wasser *(passiv)*	abschwächend	verstärkend	neutral	verstärkend
Luft *(aktiv)*	verstärkend	neutral	verstärkend	abschwächend
Erde *(passiv)*	neutral	verstärkend	abschwächend	verstärkend

Stäbe 2

Halten Sie inne und prüfen Sie, was bis jetzt erreicht ist. Überlegen Sie sich die folgenden Schritte. Ist es so, wie Sie es wollen, oder muß etwas verändert werden? Sie müssen jetzt noch keinen Standpunkt einnehmen, lassen Sie es noch etwas laufen.
Schlüsselworte: Kontrolle, Unentschiedenheit, abwartende Haltung, Neutralität, Zögern, Sackgasse.

Stäbe 3

Es gibt Pläne, auf dem eingeschlagenen Weg weiter zu gehen und es gibt viele Möglichkeiten, die helfen, Ihr Ziel zu erreichen. Sie haben Vertrauen in die Zukunft und in Ihre eigene Kraft.
Schlüsselworte: Selbstvertrauen, Leidenschaft, feste Grundlage, Perspektiven, Standfestigkeit, Vorsicht, Zusammenarbeit, Optimismus, Wachstum, Durchsetzungsvermögen.

Stäbe 4

Sie können jetzt offen bekennen, was Sie wollen, Ihre Basis ist fest genug. Die Aussichten sind hervorragend. Darum können Sie Ihre Pläne weiter ausarbeiten.
Schlüsselworte: Positivität, Entspannung, Vergnügen, Sicherheit, Harmonie, Glück, Freude, Fest.

Stäbe 5

Unruhe, denn Sie müssen Ihre Interessen verteidigen. Das spielerische Element ist zwar noch vorhanden, es kann aber schnell in einen richtigen Kampf ausarten.
Schlüsselworte: Kräfte messen, Streit, Wettbewerb, Hindernisse, Austragung, leichte Krise, Konflikte, Rivalität, Veränderungen, Kampf.

Stäbe 6

Den vorigen Kampf haben Sie gewonnen. Jetzt kommt eine sehr angenehme Periode auf Sie zu. Das gibt Ihnen genug Selbstvertrauen, um weiteres Ansehen zu erwerben und den eingeschlagenen Weg fortzusetzen. Neue Unternehmungen stehen bevor.
Schlüsselworte: Erfolg, Führerschaft, Sieg, Optimismus, neue Chancen, Gewinn, gute Neuigkeiten.

Stäbe 7

Stritten Sie bisher in einer Gruppe, so stehen Sie jetzt ganz allein da. Wiederum müssen Sie Ihre Interessen verteidigen. Hier mit jemandem zusammenzuarbeiten ist nicht leicht. Nehmen Sie einen eigenen Standpunkt ein und gehen Sie es an.
Schlüsselworte: Kampf, Position bestimmen, Verteidigung, einsame Höhe, Kritik, Abwehr, Standfestigkeit, Risiken eingehen, verschärfte Situation.

Stäbe 8

Pläne können innerhalb kurzer Zeit in die Tat umgesetzt werden. Es gibt auch neue Pläne oder Angelegenheiten, auf die Sie reagieren müssen. Ohne Aktion geschieht nichts. Es kommt Bewegung in eine stagnierende Situation.
Schlüsselworte: positive Ereignisse, Veränderungen, Pläne, Handlungen, Berichte, Entwicklung, Überraschungen, Lebendigkeit.

Stäbe 9

Eine Situation, mit der Sie schon früher zu tun hatten. Sie fürchten, denselben Kampf noch einmal kämpfen zu müssen. Denken Sie aber daran, daß Sie inzwischen genügend Erfahrungen gesammelt haben, um es dieses Mal anders anzugehen. Seinen Sie nicht argwöhnisch. Wer durchhält, gewinnt.
Schlüsselworte: Mißtrauen, Angst, Vergangenheit, Bedrohung, sich aufraffen, Sammeln von Kräften, Besserung, Schutz, Bewußtwerdungsprozeß, Mut.

Stäbe 10

Es gibt eine schwere Last, unter der Sie fast zusammenbrechen, noch aber tragen Sie sie, ohne zu klagen. Ihnen fehlt die Übersicht über eine Situation. Sie machen aber weiter, ohne zu wissen, wohin das führt. Prüfen Sie Ihre Möglichkeiten, denken Sie einmal gut darüber nach.
Schlüsselworte: Verantwortungsbewußtsein, schmerzvolle Verpflichtungen, Rückschlag, Überlastung, Mut, Ausdauer, Druck, sich aufhäufende Schwierigkeiten.

Stäbe Page

Eine Botschaft oder eine junge Person sorgen für neue Impulse, die aber auch sehr ungestüm sind, wodurch Sie ganz schön durcheinander gewirbelt werden. Neue Chancen können zu einer wichtigen Lebensveränderung führen.
Schlüsselworte: Inspiration, Begeisterung, Vergnügen, Ungestüm, Mut, Temperament, Botschaften.

Stäbe Ritter

Ohne Nachdenken tun Sie, was Ihnen in den Kopf kommt und setzen es auch durch. Sie tun, wozu Sie Lust haben und folgen der erstbesten Eingebung. Das kann böse Folgen haben. Es kann Streit bedeuten aber auch eine Angelegenheit, in der Liebe im Spiel ist.
Schlüsselworte: Impulsivität, Ungestüm, Sehnsucht, Risiken eingehen, Wettstreit, Wut, Ungeduld.

Stäbe Königin

Eine Frau mit Tatkraft, die genau weiß, was sie will. Eine kreative Person, geistreich und spontan, aber auch unberechenbar und egozentrisch. Ihr Engagement ist aufrichtig.
Schlüsselworte: Kraft, Intensität, Selbstvertrauen, Lebenslust, Ausstrahlung, Empfänglichkeit, Offenheit.

Stäbe König

Typische Führerfigur, die genau weiß, was zu tun ist. Auf ihn können Sie bauen. Dieser Mann hat die nötige Lebenserfahrung, er hat aus seinen Fehlern gelernt.
Schlüsselworte: Selbstvertrauen, Unternehmungslust, Vitalität, Männlichkeit, dominant, leistungsorientiert, arrogant, begeistert, leidenschaftlich.

Rußdivination

Entzünden Sie eine Kerze in der Farbe, die zu Ihrer Frage paßt. Nehmen Sie ein leeres Blatt Papier und bewegen Sie dies vorsichtig über der Flamme, so daß es berußt, aber nicht zu brennen beginnt. Legen Sie dann das Papier auf den Tisch und betrachten Sie die Rußornamente. Probieren Sie, Strukturen und Symbole zu entdecken, indem Sie die Muster von allen Seiten betrachten. Lassen Sie Ihr Gefühl sprechen und geben Sie nicht gleich auf, wenn Sie nicht auf Anhieb etwas sehen.

Weitere Divinationsformen

Botanomantie – Das Wahrsagen anhand verbrannter Blätter und Zweige.
Capnomantie / Rauchlesen – Das Studieren von Rauchwolken. Bei den Indianern ist diese Form recht gebräuchlich. Sie entzünden rituelle Feuer und werfen magische Kräuter hinein. Ein andere Methode besteht darin, einen Bogen Papier über einer Kerzenflamme zu bewegen, so daß leichter Rauch entsteht.
Lampodomantie – Die Richtung einer Kerzenflamme, Fackel oder eines Feuers kann auf zukünftige Ereignisse verweisen.
Libanomantie – Studium von Weihrauch und Rauch. Identisch mit Rauchlesen.
Pyromantie – Die Kunst, in einem Feuer Muster und Bilder zu sehen. Oft wird zuvor etwas ins Feuer geworfen, beispielsweise ein Stück Holz oder Papier.
Sideromantie – Das Versengen von Stroh mit einem Bügeleisen. Die entstehenden Muster und Figuren enthalten Vorzeichen oder Anweisungen für den Fragesteller.
Tephramantie – Divination aus der Asche verbrannter Baumrinde.
Xylomantie – Wahrsagen aus dem Verbrennnungsverlauf von Holzstücken.

FEUERMAGIE UND -RITUALE

Bei Feuermagie geht es um alles, was mit Veränderung, Leidenschaft und Willenskraft zu tun hat.
Schlüsselworte: Aktivität, Leidenschaft, Sport, Autorität, Verbannung, Blut, Freudenfeuer, mit schlechten Angewohnheiten brechen, Wettbewerb, Reinigung, Mut, Kreativität, Wüste, Vernichtung, die dunkle Seite, Unterwelt, Dämonen, Eifersucht, Krankheit, Energie, Motivation, Sexualität, Sonne, Kraft, Hitze, Begeisterung, Neubeginn, Geselligkeit, Ego, Blitz, Schutz, Wut.
Magie kann Bestandteil eines Hexenrituals sein. Ein Hexenritual beginnt häufig mit dem ziehen eines Bannkreises[2] zum Schutz, danach kann z.B. eine Visualisierung folgen, anschließend eine Magieform wie Musikmagie oder Knotenmagie, je nach dem Ziel, welches Sie haben. Ein Spruch wiederum ist Teil der Magie. Ein Ritual kann auch aus nur einem Element bestehen. Es ist aber immer an ein besonderes Ereignis gekoppelt, denn Sie sollten ein Ritual nicht einfach nur aus Spaß vollziehen, sondern ein echtes Ziel vor Augen haben.

Drachenmagie

Drachen strahlen eine wilde Energie und atemberaubende Schönheit aus. Die Bilder, die Drachen in Ihnen wachrufen, können Sie in Ihre Magie einsetzen, wenn es sich etwa um Angelegenheiten dreht, die Kraft und Wut erfordern. Drachen können eine Seite in Ihnen aktivieren, die vielleicht normalerweise nicht so leicht nach außen dringt, da Sie sich diesbezüglich gehemmt fühlen.

Kerzenmagie

Kerzenmagie beginnt zunächst mit der Vorbereitung der Kerzen. Kerben Sie Symbole in die Kerze, die mit dem Ziel zu tun haben. Machen Sie dies mit dem Athame (dem rituellen Hexenmesser), mit den Fingernägeln oder anderen scharfen Gegenständen. Ob es nun eine Rune ist, ein Planetensymbol oder der Name einer Göttin, ist gleichgültig, Hauptsache Sie haben Ihr Ziel dabei klar vor Augen und konzentrieren sich bei einkerben darauf. Derweil können Sie sich schon einmal einen passenden Spruch ausdenken, den Sie beim Entzünden der Kerze sagen wollen. Vor dem Entzünden müssen Sie die Kerze noch mit einem passenden ätherischen Öl salben.

Das Salben einer Kerze

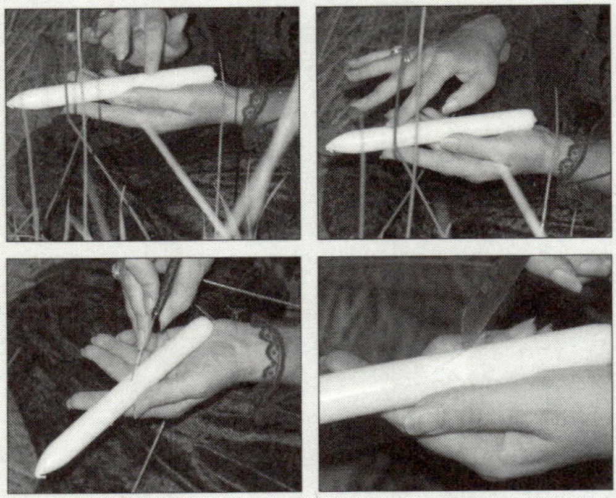

Selbstgemachtes Kerzensalböl

Mischen Sie 20-25 Tropfen ätherische Öle mit 100 ml Mandelöl. Ein Übersicht über Öle und die zugehörige Magie finden Sie im Anhang. Mit diesem Öl salben Sie die Kerze.

Durch das Salben laden Sie die Kerze mit Ihrer eigenen Energie auf. Das Salben geschieht auf folgende Weise:

- Um Sachen anzuziehen (wirkt am besten bei zunehmendem Mond): Verteilen Sie etwas Öl auf die Handfläche und reiben Sie die Kerze von der Mitte aus nach oben in einer Bewegung damit ein. Tun Sie dies dreimal.
- Um Sachen wegzuschicken (wirkt am besten bei abnehmendem Mond): Verteilen Sie etwas von dem Öl auf die Handflächen und reiben Sie von der Mitte aus nach unten in einer Bewegung die Kerze damit ein. Auch dies tun Sie dreimal.

  Die Kerze ist nun gebrauchsfertig. Entzünden Sie die Kerze für das Ziel, welches Sie vor Augen haben. Wenn die Kerze lange genug gebrannt hat, löschen Sie sie mit einem Kerzenlöscher aus. Niemals ausblasen, denn damit pusten Sie die Energie weg.

Farbmagie

Die Kraft der Farbe ist allgemein bekannt und gehört zum Element Feuer, welches mit der Sonne und dem Sehvermögen korrespondiert. In Varanasi (vormals Benares), einer heiligen Stadt in Indien, praktizierte man früher mit farbigem Glas Sonnenmagie. Die Strahlen der Sonne vertieften die Farben des Glases, was einen magischen Effekt verursachte. Mit solchen Glasscherben wurden Gegenstände wie Amulette, Fetische und dergleichen stundenlang beschienen. Die Erklärung für die Wirkung der Farbe ist einfach. Licht besteht aus Schwingungen von verschiedenen Wellenlängen und die Wellenlängen erfahren wir als unterschiedliche Farben.

Die Strahlen einer Farbe geben eine enorme Energie ab, welche durch Körper und Geist strahlt. Farben sind so eine unerschöpfliche Kraftquelle. Die sieben Farben des Regenbogens (Violett, Rot, Orange, Gelb, Grün, Blau und Indigo) finden wir in unseren Körperzellen wieder und nicht zu vergessen, in den Chakren. Durcheinander geratene Körperzellen können durch die richtige Farbe wieder harmonisiert werden. Jede Farbe hat kennzeichnende Eigenschaften. Zu jedem Organ und zu jedem Gefühl gehört eine eigene Farbe, die anregt oder beruhigt. Wenn Sie die Wirkung einer Farbe kennen, können Sie Emotionen und Organe durch Farben beeinflussen, beispielsweise durch Farbmagie. In der Tabelle auf S. 141 finden Sie eine Auflistung der Farbenwirkungen.

> Im Altertum schon war man von der heilenden Wirkung der Farben überzeugt. Ägyptische Priester arbeiteten mit Farben. Es gab sogar Tempel mit sieben Räumen, wobei jeder Raum einer anderen Farbe geweiht war. Die Heilung mit Farben gehörte zu den hermetischen Wissenschaften und ist vielfach beschrieben.

Musikmagie

Für zum Element Feuer passende Musikmagie verwendet man Saiteninstrumente wie Leier, Harfe, Gitarre, Mandoline oder Ukulele. Diese Instrumente können auch bei Heilungs- und Reinigungsritualen eingesetzt werden.

Sexualmagie

Dies ist eines zeremoniale Form der Magie, wobei sexuelle Energie gefordert ist. Diese Energie wird während des Orgasmus freigesetzt und auf das angestrebte Ziel, etwa das Anziehen von Liebe oder um jemand anderen zu hindern, sich mit Sex zu vergnügen, ausgerichtet. Sie können damit sexuelle Triebe eindämmen oder ausweiten. Man kann damit auch Gegenstände beeinflussen, etwa um Geld oder Arbeit anzuziehen. Dies geschieht meist in Kombination mit einem Amulett, magischem Puder, Weihrauch, einer Kerze, einem Trank oder Kräutern. Häufig verwendet man dabei aber auch Blut, Sperma oder Vaginalflüssigkeit. Sexualmagie ist die stärkste Magie überhaupt. Man kann Sie auch allein, ohne Partner, anwenden. Im Folgenden einige Formen der Sexualmagie:

- Tantrayoga (darüber mehr auf S. 46)
- Die italienische *Carezza* richtet sich auf das Streicheln, Masturbieren und die sexuelle Vereinigung. Nicht umsonst gelten die Italiener als die besten Liebhaber der Welt.
- Der chinesische Taoismus, bei dem Lebensverlängerung, Bewußtseinserhöhung und Umwandlung von Materie durch sexuelle Handlungen, Symbole und Texte angestrebt wird. Alles kann auf unterschiedliche Weisen interpretiert werden worden, so daß es jahrelangen Studiums bedarf, um Tao zu verstehen.

Schutz- und Bannmagie

Wenn Sie das Gefühl haben, daß Sie in der letzten Zeit sehr viel Pech hatten, dann kann es sein, daß jemand Sie mit negativen Gedanken verfolgt. Manchmal geht das sogar noch viel weiter (siehe dazu mehr im Buch über das Element Luft). In solchen Fällen sollten Sie Schutzmagie oder Bannmagie einsetzen.

Feuermagie

Hierunter zählt man das Verbrennen, Verglühen oder Verschmoren eines Bildes, von Kräutern oder anderen Objekten. Auch die Kerzenmagie fällt hierunter.

Rituale

Rituale stammen aus uralten Zeiten. Das stete Wiederholen derselben Handlungen gilt als Symbol der Verbundenheit. Sie schenken damit einem wichtigen Augenblick in Ihrem Leben eine stärkende Aufmerksamkeit. Menschen führen Rituale mit dem Ziel aus, mit den Zyklen der Natur und mit sich selbst in Harmonie zu kommen. Rituale werden häufig an den Höhepunkten der Jahreszeiten abgehalten, während bestimmter Stationen im Mond- oder Sonnenzyklus und an wichtigen Wendepunkten des Lebens (Hochzeit, Geburt, Tod etc.).

In allen Glaubensrichtungen finden wir Rituale. Meist werden Sie dann gehalten, wenn eine wichtige Periode anbricht oder vorbei gegangen ist, die Veränderungen mit sich bringt bzw. brachte. Ein Geburtstag kann auch ein Ritual sein, vor allem die runden Geburtstage. Bei der Geburt eines Kindes kommen in einer Mutter derartige Urgefühle hoch, daß man von einer natürlichen Einweihung sprechen kann. Dasselbe gilt für den Vater, wenn auch auf etwas andere Weise.

Die Elemente im Ritual

Kraftritual mit Drachen

3 violette Kerzen – 1 dicke Kerze in einer Farbe, die zu Ihnen paßt – Drachenblutöl oder Zimtöl – etwas, um damit zu ritzen – Athame

Beginnen Sie im Osten. Während Sie die Wächter anrufen, ziehen Sie den Kreis. Visualisieren Sie ein strahlendes Feuer, welches Ihrem Athame entspringt.

Ziehen Sie damit den Kreis.

Osten: *Sairys, Drache der Luft, hiermit bitte ich dich, zu mir in den Kreis zu treten. Ich danke dir.*

Süden: *Fafnir, Drache des Feuers, hiermit bitte ich dich, zu mir in den Kreis zu treten. Ich danke dir.*

Westen: *Naelyan, Drache des Wassers, hiermit bitte ich dich, zu mir in den Kreis zu treten. Ich danke dir.*

Norden: *Grael, Drache der Erde, hiermit bitte ich dich, zu mir in den Kreis zu treten. Ich danke dir.*

Sprechen Sie dann: *Mit dem Feuer der Drachen und mit meinem Willen wurde dieser Kreis gezogen.*
Beginnen Sie nun mit dem Personalisieren der Kerze für das Ritual, indem Sie Ihren Namen in die dicke Kerze ritzen. Kerben Sie anschließend Kraftsymbole in die Kerze, die Ihnen viel bedeuten. Hierzu können Sie beispielsweise ein magisches Alphabet wie die Runen verwenden (siehe im Buch über das Element *Luft*) oder eines der Symbole von S. 114.
Bei jedem Symbol konzentrieren Sie sich auf die dahinter stehende Kraft:
Um Weisheit zu erlangen,
um magische Kraft zu verstärken,
um den magischen Willen zu stärken,
um magisch kreativ zu sein,
um das Gedächtnis und die mentale Kraft zu stärken,
um Blockaden zu beseitigen,
um mein Ziel zu erreichen,
um Intuition zu entwickeln,
für Erfolg.

Stellen Sie die bearbeitete Kerze in die Mitte und die drei violetten Kerzen in einem Dreieck darum herum.
Dann sagen Sie: *Grael, Naelyan, Sairys und Fafnir, ich (Ihr Hexenname) stehe hier, um euch zu ehren. Als eure Priesterin bitte ich um eure Gunst. Ich bin eine Frau mit viel Kraft. Ich bitte euch, eure Kräfte mit der meinen zu verbinden, damit ich meine Kraft entwickelnkann. Dann kann ich euch und meinen Mitmenschen dienen. Das ist mein Wille, so soll es sein.*

Beträufeln Sie Ihre persönliche Kerze mit dem Öl und sagen Sie dabei:
Drache des Lichts, Drache der Macht,
Drache der Weisheit, Drache der Kraft,
Gebt mir Hilfe und gebt mir Magie.
Begleitet mich in dieser Zeremonie.

Zünden Sie nun Ihre persönliche Kerze an und sprechen dabei:
Dies ist meine Flamme, die Flamme der Kraft,
die Flamme des Willens.
Mit dieser Flamme mache ich meinen Willen wahr,
mit der Gunst von Grael, Naelyan, Sairys und Fafnir.
Das ist mein Wille, so soll es sein.

Entzünden Sie nun die drei violetten Kerzen und sagen dabei:
Diese Kerzen stehen für die drei kommenden Tage und für das dreifaltige Gesetz. Die Kraft in mir brennt wie diese Flammen. Diese Flammen stärken meine Kraft Tag für Tag bis zum Vollmond. Wenn meine Kraft den Höhepunkt erreicht hat, werde ich sie nur zu guten Zwecken einsetzen. Immer wenn ich Kraft geben, bekomme ich sie dreifach zurück. Das ist mein Wille, so soll es sein.

Setzen Sie sich nun bequem hin und visualisieren Sie. Fühlen Sie die Kraft in sich, in Ihrem Geist wachsen. Um Sie herum entsteht ein violetter Nebel. Dieser Nebel steht für die stets stärker werden Kraft. Atmen Sie den Nebel ein und fühlen die Kraft Ihre Lungen und Ihren Körper ausfüllen. Tun Sie das solange, wie Sie es für nötig erachten. Wenn Sie fertig sind, sagen Sie:
So wachsen meine Kräfte,
immer stärker werden sie und schwinden nicht.
Am Tag und in der Nacht,
von jetzt bis in Ewigkeit wächst meine erbeten Kraft.
Grael, Naelyan, Sairys und Fafnir, ich (Ihr Hexenname) danke euch für die Kraft. Ich bitte euch hiermit um eure Begleitung auf meinem Weg. Das ist mein Wille, so soll es sein.

Löschen Sie nun die drei Kerzen und stellen Sie sie erst bei Vollmond wieder auf den Altar. Entzünden Sie die Kerzen dann wieder und lassen sie komplett nieder brennen. Ebenso löschen Sie die persönliche Kerze und legen sie weg. Diese können Sie eventuell später noch einmal verwenden, etwa um dieses Ritual zu wiederholen. Am Ende des Rituals trinken Sie etwas Rotwein und essen einen Keks.

Heben Sie dann den Kreis auf und entlassen die Wächter. Beginnen Sie im Norden.
Norden: *Grael, ich danke für deine Anwesenheit. Du bist hiermit frei, den Kreis zu verlassen.*
Westen: *Naelyan, ich danke für deine Anwesenheit. Du bist hiermit frei, den Kreis zu verlassen.*
Süden: *Fafnir, ich danke für deine Anwesenheit. Du bist hiermit frei, den Kreis zu verlassen.*
Osten: *Sairys, ich danke für deine Anwesenheit. Du bist hiermit frei, den Kreis zu verlassen.*

Feuerschutzritual
4 weiße Kerzen – ein Stab – etwas zu essen und zu trinken
Stellen Sie die Kerzen in den vier Himmelsrichtungen auf. Ziehen Sie einen Kreis. Sprechen Sie anschließend laut, während Sie herumgehen:
Diese Nacht rufe ich die Kräfte des Feuers an,
mich zu schützen, gegen alles, was mir Schaden kann.
Psychisch, mental, spirituell, emotional oder körperlich.

Drehen Sie sich nach Süden, wo Sie beginnen und laden Sie wie gewohnt die Kräfte des Südens ein, bei Ihrem Ritual zugegen zu sein. Entzünden Sie die Kerze des Südens und rufen Sie laut: *Nichts, was aus dem Süden kommt, kann mir schaden!* Visualisieren Sie nun, daß die Flamme eine schützende Mauer im Süden errichtet.

Drehen Sie sich nach Westen und laden Sie die Kräfte des Westens ein, bei Ihrem Ritual zugegen zu sein. Entzünden Sie die Kerze des Westens und rufen Sie laut: *Nichts, was aus dem Westen kommt, kann mir schaden!* Visualisieren Sie nun, daß die Flamme eine schützende Mauer im Westen errichtet.
Drehen Sie sich nach Norden und laden Sie die Kräfte des Nordens ein, bei Ihrem Ritual zugegen zu sein. Entzünden Sie die Kerze des Nordens und rufen Sie laut: *Nichts, was aus dem Norden kommt, kann mir schaden!* Visualisieren Sie nun, daß die Flamme eine schützende Mauer im Norden errichtet.

Die Schutzmauer ist nun zu Dreiviertel errichtet und wird immer stärker. Drehen Sie sich nun nach Osten und laden Sie die Kräfte des Ostens ein, bei Ihrem Ritual zugegen zu sein. Entzünden Sie die Kerze des Ostens und rufen Sie laut: *Nichts, was aus dem Osten kommt, kann mir schaden!*
Die Schutzmauer ist nun geschlossen. Das Feuer strahlt Ihnen entgegen und spendet Kraft. Halten Sie nun die Kerze des Südens in die Höhe und rufen dabei: *Nichts, was aus der Luft kommt, kann mir schaden!*
Stellen Sie dieselbe Kerze nun auf den Boden und rufen Sie: *Nichts, was von unten kommt, kann mir schaden!*
Setzen Sie sich nun in die Mitte des Kreises und betrachten Sie die brennenden Kerzen. Machen Sie sich klar, daß das Feuer alle negativen Energien, die Ihnen entgegen kommen verbrennt. Die Schutzmauer aus Feuer ist eine runde Kuppel geworden, unter der Sie sitzen und die Sie beschützt. Jetzt, wo Sie diese Kugel selbst erfahren, wissen Sie, daß sie sie jederzeit wieder herauf beschwören können, wenn Sie Schutz brauchen.
Bleiben Sie eine Weile sitzen und genießen Sie den Anblick und das Gefühl, beschützt zu sein. Danken Sie den Himmelsrichtungen für ihre Anwesenheit und bitten Sie sie um ihren Segen und um Harmonie der Elemente in Ihrem Leben. Heben Sie den Kreis wieder auf. Essen und trinken Sie etwas und geben Sie das, was übrig bleibt, der Erde zurück.

Ritual mit heißen Steinen
Diese Ritual vollziehen Sie draußen. Ziel ist es, die Energie des Feuers mit Hilfe eines Steins in sich aufzunehmen und zu spüren, wie Sie das Element Feuer brauchen. Es wärmt Sie innerlich auf und eignet sich besonders dann, wenn Sie sich einsam fühlen oder Kummer haben.
Holz für ein offenes Feuer – so viele faustgroße Steine, daß Sie einen Kreis daraus legen können.

Vorbereitung:
Legen Sie aus den Steinen einen Kreis auf den Boden, in dem ein schönes Lagerfeuer Platz hat. Halten Sie einen Stein zurück, den brauchen Sie später. Schichten Sie das Holz auf und zünden Sie es an. Verbrennen Sie Kräuter im Feuer, beispielsweise Salbei für Ihr Gemüt. Ziehen Sie nun den Bannkreis wie gewohnt. Setzen Sie sich hinein und kommen

Sie zur Ruhe. Achten Sie bewußt auf Ihre Atmung und schauen Sie in das Feuer. Halten Sie den übrigen Stein in den Händen und spüren Sie die davon ausgehende Energie. Laden Sie den Stein mit Ihrer eigenen Energie auf. Tun Sie das etwa eine Minute lang.
Legen Sie nun den Stein nah ans Feuer, damit er mit Hitze und Energie gefüllt wird. Visualisieren Sie dabei, daß das gleiche mit Ihnen geschieht. Die natürliche Energie des Steins und Ihre Energie mischen sich mit der Energie des Feuers.
Fühlen Sie ab und zu mit der Hand, ob der Stein schon warm wird. Achten Sie darauf, daß Sie sich dabei nicht verbrennen und kommen Sie nicht zu dicht an die Flammen. Tun Sie alles ganz ruhig und ganz bewußt. Wenn der Stein sehr warm geworden ist, aber noch nicht zu heiß, um ihn anzufassen, dann nehmen Sie ihn auf und legen Sie Ihre Hände um ihn. Schließen Sie die Augen. Lassen Sie Ihren Gedanken freien Lauf und lassen Sie die Feuerenergien durch sich hindurch strömen. Was haben Ihnen diese Energien zu erzählen?
Bleiben Sie so sitzen, bis der Stein sich abgekühlt hat und Sie das Gefühl haben, es reicht. Das kann jedesmal unterschiedlich lange dauern. Legen Sie den Stein dann vor sich nieder, danken Sie ihm und dem Feuer für die Antworten und beenden Sie das Ritual auf Ihre gewohnte Weise.

Kurzes Ritual zur Entspannung

Suchen Sie einen Ort auf, an dem Sie nicht gestört werden können. Legen Sie sich mit ausgebreiteten Armen und Beinen bequem hin. Stellen Sie sich nun eine goldfarbige Lichtkugel vor, die an Ihren Füßen beginnt und langsam größer wird. Diese Kugel enthält totale Entspannung und ist herrlich warm und beruhigend.
Die Kugel wird größer, wie eine aufgehende Sonne, und scheint nun auch über Ihren Unterschenkeln, den Knien und Ihren Oberschenkeln. Genießen Sie das wohlige Gefühl, welches in Ihnen erglüht.
Die Kugel erreicht Ihre Hüften, den Bauch. Sie scheint über Ihrem Magen, Ihrer Brust und über Ihren Armen.
Dann erreicht sie Ihren Hals und Ihren Kopf.
Sie baden jetzt ganz im goldenen Licht und fühlen sich vollkommen entspannt.

Genießen Sie noch etwas diese wohltuende Wärme und atmen Sie ein paarmal tief durch, bevor Sie die Augen wieder öffnen. Kommen Sie langsam wieder zu sich und spüren Sie die Energie Ihren Körper durchströmen. Jetzt sind Sie wieder fit für die Hektik des Alltags!

Feuersprüche

Kurze Sprüche, die jeweils dreimal während der rituellen Tätigkeiten oder der Magie, die Sie anwenden, wiederholt werden, sind umso kraftvoller, wenn Sie sie selbst ausdenken. Passen Sie den Spruch jeweils an das Thema an, welches mit Feuer zu tun hat. Im folgenden einige Beispiele zur Anregung:

Zur Bekräftigung nach einem Ritual

Mit dem Pentagramm, das trag ich heuer,
mit Energie von Erde, Wasser, Luft und Feuer,
befohlen durch den Geist stelle sich alles so ein,
wenn ich spreche: Wenn's niemandem schadet, dann soll es so sein.

Vertreibung

Kräfte der Stunde in diesem Gemäuer,
Steht mir bei mit eurem Feuer.
Vertreibt meine Schmerzen, vertreibt meine Pein,
Wenn's niemandem schadet, dann soll es so sein.

Leidenschaft 1

Jeder für sich, zusammen ein Ganzes.
Verschaffe uns Feuer und Glut als Teil dieses Tanzes.

Leidenschaft 2

Liebe, voll Feuer und Flammen,
Leidenschaft bindet uns beide zusammen.
Verzehre nicht, was nicht brennen soll,
Doch lodere empor stets wieder freudenvoll.

Rosmarin-Schutzzauber

Verbrennen Sie Rosmarin in einem Feuerkorb, um den Sie zuvor einen Bannkreis gezogen haben. Konzentrieren Sie sich auf das Feuer und sprechen folgendes:

Rosmarin, Rosmarin, schütze mich gegen Schmerzen und Leid
Leg gute Kräfte um mich wie ein Kleid.
Schütze mich bei Tag und bei Nacht.
Wiederholen Sie diesen Spruch, bis Sie sich völlig vom Rosmarin eingehüllt fühlen. Nehmen Sie dann einen Obsidian und halten Sie in ins Feuer, damit er die Energie aufnimmt. Legen Sie ihn dann zusammen mit etwas getrocknetem Rosmarin in ein Beutelchen und tragen Sie dieses bei sich, solange Sie es für nötig erachten.

Magische Kerze für tiefe, feurige Liebe

Gehen Sie bei der Vorbereitung der Kerze nach der Anleitung auf S. 101 vor. Zusätzlich benötigen Sie:
Rote Rosenblätter – natürlichen roten Farbstoff – eine kleine Herzform (Backförmchen) – 5 Tropfen Ylang-Ylang – goldfarbigen Schreibstift – getrockneten Seetang
Mischen Sie das weiße Kerzenwachs mit etwas rotem Farbstoff, so daß ein kräftiges Rosa entsteht. Geben Sie das Ylang-Ylang (Leidenschaft und Liebe) dazu. Schneiden Sie aus dem getrockneten Seetang (tiefe Gefühle und echte Liebe; gehören zum Element Wasser) ein Herz aus und schreiben Sie mit dem Goldstift folgenden Text darauf:

Feuer der Liebe,
erfülle meine Wünsche und Träume
Feuer der Liebe,
Sehnsucht und Wärme mich überschäume.

Hängen Sie einen Zahnstocher mit einem Stück Docht daran in die Herzform. Füllen Sie diese nun zur Hälfte mit dem heißen Wachs. Darauf legen Sie das Seetangherz mit dem Spruch und einige Rosenblätter. Dann den restlichen Wachs eingießen und noch einige Rosenblätter einstreuen. Lassen Sie das Herz aushärten und holen Sie es dann aus der Form. Stellen Sie es auf einer feuerfesten Unterlage auf Ihren Altar. Zünden Sie die neue Kerze an und starren Sie in die Flammen, während Sie sich allerlei Situationen mit Ihrem zukünftigen Geliebten vorstellen. Mit etwas Glück sehen Sie sich ja zusammen in den Flammen tanzen. Lassen Sie das Herz komplett niederbrennen, mindestens aber solange, bis das Seetangherz verbrannt ist.

Feuer-Altar
Wenn Sie die Kraft des Feuers brauchen, dann schmücken Sie Ihren Altar mit roten Akzenten. Als Basis nehmen Sie eine schwarze Tischdecke, auf die Sie gelbrote Flammen aus Filz mit Stecknadeln aufstecken (oder aufsticken). Legen Sie ein schwarzes Pentakel darauf, stellen Sie rote Kerzen, rote Blumen, schwarze und rote Steine dazu. Ein selbst gemachter Kelch (Anleitung dazu im Buch über das Element Wasser), dekoriert mit Steinen in den Farben Rot/Orange/Gelb und bemalt mit Glasfarbe, rundet das Bild ab.

Kerzen machen
Es gibt verschiedene Methoden der Kerzenherstellung. Einige habe ich bereits in meinem Buch *Alte Traditionen – Moderne Hexen* vorgestellt, hier ist noch eine weitere:

Glasflaschen, Schraubgläser, Förmchen oder Dosen – Kerzenwachsreste und Kerzenstummel – ätherische Öle nach Wahl – Farbstoffe nach Wahl, wenn Sie weißes Wachs verwenden – Dochte – Zahnstocher

Schmelzen Sie das Kerzenwachs im Wasserbad. Dazu geben Sie die Wachsreste in einen kleinen Topf, diesen stellen Sie in einen größeren, mit Wasser gefüllten Topf. Bringen Sie das Wasser zum Kochen und schmelzen Sie die Wachsreste zu einer flüssigen Masse.
Fischen Sie Dochtreste heraus und legen Sie diese ggf. zur späteren Verwendung zur Seite, sonst wegwerfen. Stellen Sie die Formen bereit. Binden Sie einen entsprechend langen Docht an einen Zahnstocher und legen Sie diesen dann quer über die Form, damit der Docht etwa in der Mitte hängt. Nun füllen Sie die Form mit dem heißen Wachs , dem Sie einige Tropfen ätherische Öle und/oder etwas Farbstoff beigegeben haben. Sie können auch Steinchen, Muscheln, Kräuter, Blüten etc. in das Wachs mit eingießen oder damit später die Kerze äußerlich dekorieren. Lassen Sie die neuen Kerzen gut aushärten und holen Sie sie erst dann

aus den Formen. Sie können aber auch eine weithalsige Flasche (Milch- oder Sahneflasche) ganz in das Wachs eintauchen (zuvor den Docht nicht vergessen). Dann ist nicht nur dass Innere der Flasche mit Wachs gefüllt, sondern auch außen herum eine dünne Wachsschicht. Diese Flaschenkerze können Sie nach dem Aushärten so auf den Altar stellen.

Magische Kerze

Schon die Herstellung einer Kerze kann ein magischer Vorgang sein. Wenn Sie beispielsweise jemandem eine Kerze als Geschenk überreichen wollen, um ihn zu trösten oder seine Genesung zu unterstützen, dann können Sie schon bei der Herstellung dieser Kerze Magie mit einfließen lassen. Farbe, Blumen, Kräuter usw. helfen dabei. Siehe zu dieser speziellen Kerzenmagie als Beispiel die *Kerze für tiefe, feurige Liebe* auf S. 100.

Anzünder aus Kerzenwachs

Eierkartons – Kerzenwachs – Sägemehl

Schmelzen Sie das Kerzenwachs wie oben beschrieben. Füllen Sie die Vertiefungen des Eierkartons zur Hälfte mit Sägemehl und füllen Sie mit Wachs auf. Diese Anzünder sind sehr hilfreich, wenn Sie für ein Ritual unter freiem Himmel ein Feuer entzünden wollen. Verwenden Sie diese Anzünder nicht als Kerzen, dafür sind sie nicht geeignet. Schneiden Sie die gefüllten Eierkartons auseinander. Zur Verwendung zünden Sie einfach einen Würfel am Karton an, das Sägemehl fängt von allein an zu brennen.

Der Stab

Die Geschichte des Stabes reicht weit in die Vergangenheit zurück. Schon die ägyptischen Pharaonen verwendeten diesen Gegenstand wegen seiner magischen und heilenden Qualitäten. Noch heute ist der Stab ein unverzichtbares Instrument für Magier, Hexen und Heiler. Neben dem Ziehen des Kreises können Sie den Stab auch als kraftvolles Werkzeug bei Heilungen verwenden, da er Energie generiert. Er kann aus verschiedenen Materialien bestehen.

Verwenden Sie für das Ziehen eines Bannkreises einen Stab aus Holz. Für Heilungsrituale sollten Sie einen Stab aus Kupfer mit eingearbeitetem Kristall benutzen. Für alltägliche Rituale verwenden Sie vielleicht immer denselben Stab. Für besondere Gelegenheiten sollten Sie sich jedoch auch einen besonderen Stab gönnen.
Im Neopaganismus wird der Stab verwendet, um einen Kreis zu ziehen und Energie zu generieren. Das ist ein magisches und heilendes Symbol, die an den Wachstumsprozeß von Pflanzen und Kräutern erinnert. Um den Stab herum sind im Laufe der Zeit eine Reihe von Bräuchen entstanden. Nach Cassell's *Dictionary of witchcraft* soll der Bannkreis ausschließlich mit einem Stab aus dem Holz der Zaubernuss (Hamamelis) korrekt gezogen werden können. Diese muß exakt 19 Inch lang sein. Zudem muß er vom Magier mit einem eigenblutbespritzten Messer bei Sonnenaufgang geschnitten werden. Die in einem neuen Stab schlummernden Kräfte können durch das Murmeln magischer, kraftvoller Namen und Gebete geweckt werden. Manche Magier befestigen an der Spitze ihres Stabes ein magnetisches Käppchen, um die Kräfte noch zu verstärken. Vor jedem Einsatz muß der Stab gereinigt und geweiht werden.
Im Mittelalter glaubte man, das der Teufel persönlich mit dem Stab die Hexen einweihe. Für Totenrituale verwendete man einen Stab aus Zypressenholz. Im Falle eines Selbstmordes berührte der Magier den Toten neunmal mit seinem Zauberstab und konnte so den Geist des Toten dazu bewegen, ihm Fragen zu beantworten.

Stab aus Holz

Ast von ca. 20 cm Länge und 2 cm Dicke – Messer – Dekorationsgegenstände
Wählen Sie einen schönen Ast eines Baumes aus, der für Sie eine Bedeutung hat. Möchten Sie mit einem bestimmten Element Ihre magischen Qualitäten unterstützen, dann wählen Sie eine Holzart, der mit dem betreffenden Element korrespondiert. Brechen Sie nicht einfach brutal einen Ast ab, sondern bitten Sie den Baum zunächst respektvoll um Zustimmung, ob Sie einen Ast abschneiden dürfen. Tun Sie dies bei abnehmendem Mond. Nehmen Sie als Opfergabe ein Stück Brot oder das Kerngehäuse eines Apfels mit und begraben Sie es am Fuße des Baumes.

Am besten nehmen Sie allerdings Holz von abgefallenen Ästen etc. Dann müssen Sie allerdings mit dem Vorlieb nehmen, was da liegt. Es sollte noch relativ frisch abgebrochen sein und möglichst nicht länger als zwei Tage dort gelegen haben, denn danach wird es immer schwieriger, es zu bearbeiten. Fertigen Sie den Stab in aller Ruhe an einem Ort, wo Sie ungestört und konzentriert arbeiten können. Schälen Sie mit einem Messer zunächst die Rinde ab. Dann schmirgeln Sie das Holz mit Sandpapier ganz glatt. Nun ist der Stab fertig für die weitere Bearbeitung.

Es gibt unzählige Möglichkeiten, den Stab zu verzieren:

- Färben Sie den Stab mit einem Brei aus natürlichen Farbstoffen wie Henna, rote Beeren, rote Zwiebeln ein oder ölen Sie ihn mit Oliven- oder Walnußöl ein.
- Verzieren Sie ihn mit Lederstücken und umwickeln Sie ihn mit Lederbändern.
- Bohren Sie durch kleine Edelsteine jeweils ein Loch und fädeln Sie die Steine auf Eisen- oder Kupferdraht. Diesen Edelsteindraht können Sie dann stramm um den Stab wickeln. Bohren Sie ggf. ein Loch durch den Stab und ziehen Sie den Draht dadurch. Das verleiht zusätzliche Stabilität.
- Sie können auch ein Loch in den Stab bohren und einen Edelstein hinein klemmen oder mit Kleber einkleben. Das ist meiner Erfahrung nach aber nicht ganz einfach und bedarf einiger Übung.
- Kleben Sie auf die Spitze einen Kristall oder Rosenquarz, vorzugsweise einen spitzkegelig geschliffenen. Für zusätzliche Fixierung kann hier ein Aluminiumband sorgen, mit dem Sie die Unterkante des Kristalls fest mit dem Holz verbinden.
- Färben Sie den Stab zweifarbig ein, etwa schwarz und weiß, um die Polarität des Lebens anzudeuten. Ein sehr schönes Thema für einen Feuerstab.
- Kerben Sie Symbole in das Holz. Davon finden Sie in allen vier Elementebüchern eine reichhaltige Auswahl.
- Schön sind auch Federn, Krallen oder andere Accessoires, die für Sie eine bestimmte Bedeutung haben. Sie können auch aus Salzteig oder Brotteig symbolische Bildnisse backen, die etwa mit Ihren Krafttieren oder ande-

ren das Ritual unterstützenden Themen korrespondieren. Anregungen dazu finden Sie in den Symbollisten aller vier Elementebücher.

Stab aus Kristall
Dünnes Rohr aus Kupfer oder Messing von etwa 15 cm Länge und ca. 15 mm Durchmesser – spitzer Kristall von 7 cm Höhe und 15-20 mm Dicke – runder Kristall von ca. 3,5 cm Höhe und 15-20 mm Dicke – Kleber – Klebeband oder Aluminium- bzw. Messingstreifen - Lötkolben.

Kleben Sie die Kristalle an den beiden Enden des Rohres fest und lassen Sie den Kleber einen Tag und eine Nacht gut aushärten. Sichern Sie den Übergang zwischen Rohr und Kristall mit Klebeband oder löten Sie die Metallstreifen herum. Mit Klebeband sieht das Ganze allerdings nicht so schön und professionell aus.

Mehr über die möglichen Materialien für einen Stab finden Sie im Anhang unter *Korrespondenzen für die Herstellung eines Stabes* auf S. 137.

NATURWESEN

In unterschiedlichen Strömungen, wie etwas der Hexerei, sind die Naturwesen Symbole für natürliche Kräfte. Sie geben uns wichtige Informationen über uns selbst, fungieren als Wächter während unserer Rituale (dann Elementarwesen genannt) und helfen uns bei der Pflege der Gebiete, mit denen sie verbunden sind. Jedes Element hat seine eigenen Naturwesen. Für das Element Feuer sind das die Salamander.

Die Feuer-Elementarwesen

Salamander

Salamander sind sehr stark. Ihre Eigenschaften sind Vernichtung und Wiederaufbau. Sie tauchen auf, wenn Feuer entzündet wird und lodern auf, wenn das Feuer neue Nahrung bekommt. Salamander haben nicht mit den gleichnamigen Tieren zu tun, können unterschiedliche Formen annehmen.

Feuerdewas (Dschinns)

Sehr zarte Wesen, die im Feuer leben, vor allem in Feuer, welches in der Umgebung von Menschen brennt. Man sieht sie allerdings sehr selten.

Drachen

Drachen sind nur indirekt Elementarwesen, aber sie sind mythische Figuren, die einen wichtigen Anteil an den Feuerlegenden haben. Ihre Kraft und feurige Wut, mit der sie sich selbst verteidigen sind faszinierend. Der Drache ist ein wunderbares Symbol in Kunst, Literatur und Magie. Dieses magische Tier taucht überall in der Welt auf. Ob es tatsächlich jemals Drachen gegeben hat, ist umstritten. Sie sollen jedoch eine Mischung aus riesiger Schlange, Eidechse und Dinosaurier sein. In Märchen finden wir den Drachen häufig als Wächter eines Schatzes, den er mit Feuer verteidigt. Man bringt den Drachen auch mit Schlangen in Verbindung und manchmal tauchen Drachen auch als Schlangen auf. So soll die Urschlange Tiamat, die nach sumerischen Schriften die Welt erschuf, ein Drache gewesen sein.

Übungen, um mit den Naturwesen in Kontakt zu treten

Kennenlernen

Legen Sie eine Feuerstelle im oder am Haus an. Während des Baus und der Einweihung danken Sie dem Feuer. Im Haus können Sie auch Feuer machen, indem Sie viele Kerzen entzünden und so eine märchenhafte Atmosphäre schaffen oder Sie füllen Ihren Kessel mit Sand und setzen Teelichter hinein. Es spricht für sich selbst, daß Sie stets höchst vorsichtig sein sollten, wenn Sie mit offenem Feuer, also auch mit Kerzen, arbeiten. Feuer ist unberechenbar.

Eins werden mit dem Feuer

Sammeln Sie besonderes Holz für Ihr Feuer. Bei jeder Holzsorte sprechen Sie einen Wunsch aus, der mit der Holzsorte zu tun hat. Konzentrieren Sie sich auf das Feuer und lassen Sie sich vom Tanz der Flammen entführen. Ehe Sie es sich versehen, merken Sie Stunden später, wie lange Sie weg gewesen sind. Danach fühlen Sie sich wie neu geboren und konnten so die Fähigkeiten des Feuers erfahren.

Tips

- Stellen oder legen Sie sich nackt vor ein Feuer und lassen Sie sich von den tanzenden Flammen entführen.
- Sammeln Sie Harz und Kräuter, um sie als Opfer zu verbrennen.
- Organisieren Sie ein Feuerritual zusammen mit anderen. Erkundigen Sie sich (z.B. beim Förster), wo es gestattet ist, ein Feuer zu machen. Auf Freizeitflächen gibt es häufig auch einen Feuerplatz. Gestalten Sie einen magischen Abend mit schönen Erzählungen, Musik und leckeren Häppchen und Getränken. Mittsommernacht ist hierfür ein wunderbarer Anlaß.

SCHÄTZE DES FEUERS

Bäume, Steine und alles, was das Feuer gibt, sind Schätze des Elements Feuer. Das bedeutet, daß auch Metalle wie Gold dazu gehören, weil sie mit Hilfe des Feuers erst aus Erzgestein erschmolzen werden. Daneben sind auch die einfachen Materialien, die das Feuer liefert, von großem Wert. Holzkohle etwa für magische Zwecke und den Gebrauch auf dem Altar. Sie können mit Holzkohle auch prachtvoll zeichnen, auch auf der Haut, was Sie für ein Ritual zu Ehren des Feuers nutzen können. Asche galt früher als Fruchtbarkeitssymbol. Sie können etwas davon auf die Erde, ins Wasser und in die Luft streuen, um alle Elemente in Ihrem Ritual zusammen kommen zu lassen.

Steine und Astrologie

Widder

Rubin
Magische Nutzung: Gegen Alpträume, negative Gedanken und Kummer.
Heilanwendungen: Schmerzen, Trägheit, Vergiftungen, Blutarmut, Blähungen, Darminfektionen, Herzbeschwerden, Abgespanntheit. Gibt Durchsetzungskraft, verstärkt das Selbstwertgefühl.
Besonderheit: Fördert die Gesundung. Ist gut für den ganzen Körper.

Granat
Magische Nutzung: In Ritualen für Mut, Vitalität, Vertrauen, Ruhe und Kraft, Führerschaft, Erfolg.
Heilanwendungen: Depression, Durchsetzungsvermögen, Willenskraft, Infektionen, Entzündungen und Hautkrankheiten, Potenzstörungen, Schilddrüse, Geschlechtskrankheiten, Kopfschmerzen, Blutarmut.
Besonderheit: Geben Sie diesen Stein einer Witwe und innerhalb kurzer Zeit wird sie einen neuen Mann treffen.

Roter Turmalin
Magische Nutzung: Wehrt Feinde ab und versöhnt sie.
Heilanwendungen: Bei Rückenleiden, Muskelkater, Infektionen, Depressionen, nervösen Spannungen (beruhigt), Schwindel, Fallen und Straucheln, Gleichgewichtsstörungen, Hyperventilation, Warzen. Spendet Trost bei Kummer.

Löwe

Tigerauge
Magische Nutzung: Alle Varianten des Tigerauges, welche goldbraun ist, beispielsweise das Falkenauge (blau) und das Katzenauge(rot) sind sehr gesucht als Amulett gegen den bösen Blick. Ein Tigerauge am Hauseingang hält das Böse fern.
Heilanwendungen: Asthma und Angst, Augenkrankheiten, Depressionen, Bauch- oder Darmkrämpfe, Kraftlosigkeit und Schmerzen, Magen, Sehvermögen.

Zitrin
Magische Nutzung: Ritual für körperliche Energie und gegen Depressionen.
Heilanwendungen: Abgespanntheit, Depressionen, Antriebslosigkeit, Bluthochdruck, Diabetes, Nervensystem, Harnwege, Blutkreislauf, Därme, Gallenblase, Herz. Zitrin hilft sehr gut bei Stimmungswechseln (Melancholie und Depression). Dieser Stein schenkt eine heitere Laune und läßt einen alles positiver sehen.

Goldtopas
Magische Nutzung: In Ritualen gegen Negativität und bei Austreibungen.
Heilanwendungen: Blutungen, Trombose, offene Beine, Hämorrhoiden, Schlaflosigkeit, Nervosität, Gefäßverengungen, Verwundungen, Schlaflosigkeit, Erschöpfung, Entkalkung, Schilddrüse und Thymusdrüse, Leber, Herz.

Schütze

Sodalit
Magische Nutzung: Bei Ritualen für Selbstvertrauen und Durchsetzungsvermögen.
Heilanwendungen: Bluthochdruck, Schlaflosigkeit, blutstillend, Bauchspeicheldrüse, Erbrechen, Aphten. Beruhigt und gibt Selbstvertrauen, erhöht die Standfestigkeit.

Türkis
Magische Nutzung: Vereinigt Himmel und Erde, schützt gegen Angriffe; in Ritualen für Schutz.
Heilanwendungen: Zornausbrüche, Wechseljahresprobleme, Leberkrankheiten, Grippe, Drüsenentzündungen, roter Ausschlag, Augen, Herz, Infektion, Nervenprobleme, Schlaflosigkeit, Blutfluß, Nasenbluten, Fieber und Alpträume, Rheuma, Masern, Nasennebenhöhlen, Schleimfluß, Pfeiffer'sches Drüsenfieber, Gelenkentzündungen.

Bäume
Bäume, die mit den Tierkreiszeichen korrespondieren.

Haselnuß – Schütze – Löwe – Optimismus – Leidenschaft – Gastfreundschaft – Fruchtbarkeit
Die Zweige der Hasel schützen gegen Hexerei, so glaubten jedenfalls unsere Ahnen. Wer unter einer Hasel schläft, soll wunderbar träumen. Sie können aus Haselholz auch einen guten Stab oder eine Wünschelrute machen. Das wußten schon die alten Römer.
- Wählen Sie eine Hasel, die noch nie Früchte getragen hat.
- Wählen Sie einen Baum von ungefähr einem Jahr.
- Schneiden Sie den Ast am Mittsommertag um Mitternacht oder am 24. Juni, der Johannisnacht.
- Schneiden Sie den Ast, während Sie einen kraftvollen Spruch sagen.
- Verwenden Sie ein nagelneues Messer oder einen scharfkantigen Feuerstein.
- Schneiden Sie schnell, damit die Kraft im Ast bleibt und der Baum keine Gelegenheit hat, die Kraft herauszuziehen.

– Schneiden Sie den Ast mit einem einzigen oder maximal drei Schnitten sauber ab.

Haselnüsse verwendete man schon früher als Amulett. Die Nuß muß dafür verschiedene Bedingungen erfüllen. Die Schale sollte ein kleines Bohrloch eines Insekts aufweisen. Durch dieses Loch wird die Nuß mit einer Nadel heraus geholt. Dann steckt man das Auge einer Pfauenfeder hinein und füllt das Ganze mit Quecksilber auf. Das Loch muß nun abgedichtet werden und die Nuß wird in ein Stückchen roten Taft eingenäht und an einer Kordel befestigt. Wer dieses Amulett trägt, ist gegen Unfälle und Verletzungen jeder Art geschützt.

Erle – Schütze – Begeisterung – Liebe – Arglosigkeit
Das Abhacken eines Erlenastes hat zur Folge, daß der Baum an dieser Stelle rot wird. Es ist, als ob er dort blute. Eine alte Legende erzählt, daß vor allem nachts um den Stamm und die Äste rote Flammen tanzen. Man dachte, daß sich der Teufel im Stamm oder in der Krone versteckte. Die herum tanzenden Irrlichter seien tatsächlich die Seelen ungetaufter Kinder. Der Baum war auch ein beliebtes Versteck für Hexen, die sich in der Krone kurz ausruhten, wenn sie mit dem Besen unterwegs waren und sich plötzlich müde fühlten.
Erlenholz eignet sich hervorragend für die Anfertigung eines Runenstabes. Ein Zaubertrank aus der Rinde macht alle anderen Zaubertränke unwirksam. Auch Wünschelruten kann man hervorragend aus Erlenzweigen machen.

Kastanie – Löwe – Einsicht – Entschlossenheit – Kraft
Dieser starke, große und stabile Baum wird auch Roßkastanie genannt. Er strahlt Autorität und Vertrauen aus. Dennoch sieht die Volksheilkunde ihn nicht als besonders wertvoll an. Es gibt nur wenige Mittelchen, in denen Kastanien enthalten sind. Aus seiner Rinde können Sie einen Auszug bereiten, der gegen Sonnenbrand und Juckreiz hilft. Aus den üppigen Früchten können Sie sehr kraftvolle Amulette machen. Ältere Menschen tragen noch heute eine Kastanie in der Jackentasche, was gegen Rheumatismus helfen soll.

Lärche – Löwe – Energie – Kreativität – Ausgeglichenheit
Die Lärche ist ein echter Zauberbaum. Ihr Holz wirkt sehr gut bei der Abwehr allerlei schlechter Einflüsse und Unannehmlichkeiten. Sie können dazu die Rinde und getrocknete Zweige als Bestandteile von Weihrauch verwenden oder einfach ins Feuer werfen. Der Baum hat eine kraftvolle und kreative Energie und regt diese Eigenschaften auch in Ihnen an. Es stimuliert, alte Dinge loszulassen und schenkt Mut, Neues zu beginnen, verbunden mit Überzeugungskraft und Durchsetzungsvermögen. Verwenden Sie Lärchenholz daher in Ritualen, die mit diesen Themen zu tun haben.

Tanne – Widder – Winter – Einsamkeit – wilde Kraft
Dieser heilige, immergrüne Nadelbaum hat eine Reihe denkwürdiger Eigenschaften. Eine Wünschelrute aus Tannenzweigen soll beispielsweise Blei anziehen. Der Baum kann auch wahrsagen. Schlägt der Blitz ein, wird der Besitzer des Landes, auf dem der Baum steht, bald sterben. Verdorrt der Baum, dann erwartet seine Frau der Tod.
Die Tanne gilt wegen ihrer Zapfen als Lebensbaum. Die Zapfen sind Fruchtbarkeitssymbole. Als Maibaum oder Christbaum wird die Tanne häufig verwendet.
In der Folklore gibt es viele alte Gebräuche, in denen der Maibaum eine Rolle spielt. Wer beispielsweise beim Abholen des Baumes möglichst viele Pferde oder Ochsen vor den Wagen spannte, hatte eine gute Ernte zu erwarten. Ein Tanz um den Baum verhinderte, daß man krank wurde. Kranke rieben ihre schmerzenden Körperteile an der Tanne und steckten Münzen in die Rinde. Man besprenkelte den Baum mit Wasser oder warf ihn in einen Wassergraben, denn dann sollte während der Saison ausreichend Regen fallen. In anderen Gegenden verbrannte man den Baum, denn das Feuer symbolisierte die Kraft der Sonne, die für die Ernte ebenso wichtig war.
Man nahm Tannenholz auch gerne als Julklotz. Der wurde auf den Herd gelegt und zur Hälfte verbrannt. Alle anderen Lichter mußten gelöscht werden, nur der Julklotz durfte brennen. Der Herr des Hauses besprenkelte den Julklotz vorsichtig mit Wein und Öl und sprach seine Wünsche und seinen Segen darüber aus. Die übrig bleibende Asche

wurde über die Äcker verteilt, einen Teil behielt man als heilkräftiges Mittel gegen allerlei Leiden zurück. Das übrig gebliebene Holzstück bekam bis zum folgenden Jahr einen Platz im Obstgarten, weil dies die Obsternte reichlich ausfallen lassen sollte.
Die Tanne als Christbaum kennen wir alle. Die Lichter daran symbolisieren die Rückkehr des Lichts nach den langen, dunklen Tagen. Die Kugeln und sonstigen Verzierungen ersetzen inzwischen die frühere Dekoration: Nüsse, Äpfel und Zuckerzeug als Sinnbilder für die Vitalität des Lebensbaums.

Weißdorn – Widder – Schutz – Liebe – Heilkraft
Das Holz dieses Baum produziert das heißeste Feuer. Der Weißdorn ist ein typischer Hexenbaum, der Unglück bringen soll. In der Zeit, als der ‚Aberglaube' noch allgegenwärtig war, glaubte man, daß der Teufel in dem Baum schlafe und seine bösen Kräfte bis in die Spitzen der Dornen verteilte. Das aber steht zweifellos mit der Dornenkrone Jesu in Zusammenhang, die aus Weißdorn gemacht war.
In der Zeit der Druiden feierte man in England ein eigenes Fest zu Ehren des Weißdorns, denn man war von seinen magischen Kräften überzeugt. Er sollte vor allem die Liebe stimulieren. Später feierte man dieses Fest am 1. Mai, weil die Bäume dann keine Früchte mehr trugen.
Auch in Griechenland war der Baum ein Symbol tief empfundener Liebe. Darum wurde er letztendlich zum Hochzeitsbaum. Die Zweige wurden z.B. in die Brautsträuße eingearbeitet. Sie wurden dann auf den Altar des Gottes Hymen, des Hochzeitsgottes, gelegt, welcher mit brennenden Fackeln aus Weißdornholz beleuchtet wurde.

Holzkohle machen

Entzünden Sie im Herd oder in einem Feuerkorb wie gewohnt ein Feuer. Lassen Sie es ordentlich durchbrennen. Verwenden Sie dazu Klötze sehr trockenen Holzes. Wenn diese eine Weile gebrannt haben und schön schwarz geworden sind, dann löschen Sie das Feuer mit Wasser. Lassen Sie die Klötze gut trockenen und abkühlen und hacken sich dann Holzkohlestücke davon ab.

FEUERSYMBOLE

Verwenden Sie diese Symbole für Amulette und Talismane sowie für Ihre Notizen im Buch der Schatten.

Biene – Arbeitskraft

Blitz – Elektrizität, Energie

Drache – Kraft, Macht

Dreieck – Alchemistisches Symbol für Feuer

Eidechse – Ausdauer

Fackel – Licht

Fledermaus – Nacht

Katze – Geheimnis

Kerze – Licht, Energie, magisches Feuer

Löwe – Kraft, Stolz, königlich

Mars/Venus – Liebe, Zusammengehörigkeit

Salamander – Feuerwesen

Sarg – Abschließen

Schlange – Die Schlange, kraftvoll und geheimnisvoll, steht symbolisch für das Chaos, den Tod, das Leben, die Weisheit und die Umwandlung

Skorpion – Gift, Verteidigung, Mysterium

Sonne – Vitalität

Sonne, aufgehende – Neubeginn

Sonne, untergehende – Ende einer Phase

Spinne – Talent, Glück für kreative Menschen und Hexen

Stab – Kraft, Energie

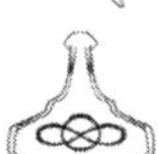
Thorshammer – Kraft, Verteidigung, Vernichtung

Vulkan – Vernichtung

Widder – Energie, Tatkraft

NAHRUNG DES FEUERS

Aphrodisiaka, Lust weckenden Liebesmitteln, werden magische Kräfte zugesprochen. Das Wort leitet sich her vom Namen der griechischen Liebesgöttin Aphrodite.
1922 entdeckten Herbert Evans und Katherine Bishop, daß Vitamin E bei Männer und Frauen lustanregend wirkt und seither hat Vitamin E den Beinamen Liebesvitamin. Frische Gemüse und Früchte Spinat, Zwiebeln, Möhren, Blumenkohl, weiße Bohnen, Tomaten, Äpfel und Birnen, Pflaumen, Trauben, Orangen, Zitronen, aber auch Getreide wie Roggen, Hafer, Weizen sowie Erdnüsse, Nüsse und Olivenöl enthalten viel Vitamin E. Wichtig ist, daß Sie diese möglichst biologisch-dynamisch erzeugten Lebensmittel frisch verzehren. Leider ist die überwiegende Menge unserer Lebensmittel irgendwie verarbeitet und mit Farb- und Geschmacksstoffen oder Herbizid- und Pestizidrückständen derart belastet, daß einem die Lust eigentlich buchstäblich vergeht...
Lust stimulierend wirken alle Lebensmittel, die die Blutzirkulation anregen. Das Auge ißt aber auch mit. Sorgen Sie also dafür, daß schon der Anblick der Mahlzeit Lust auf mehr macht. Das macht zwar vielleicht etwas mehr Arbeit, hat aber auch verblüffende Folgen...
Trinken Sie nicht zuviel Alkohol, auch der Effekt ist verblüffend, aber leider im negativen Sinne. Alkohol macht schnell schläfrig. Essen Sie kleine, leichte Häppchen, Früchte und Nüsse, denn Liebe mit vollem Magen ist nicht sonderlich angenehm. Hinterher können Sie sich ja auch noch den Bauch vollschlagen, um wieder zu Kräften zu kommen.

Bekannte Aphrodisiaka

Aprikosen – Sinnlich und sanft.
Artischocke – Seit jeher ein Liebesgemüse.
Austern – Man muß sie mögen, aber ihre Wirkung soll unvergleichlich sein.
Avocado – Der Name leitet sich her vom aztekischen Wort ahucatl, welches Hoden bedeutet. Und das nicht umsonst...
Bananen – Schon die Form regt an.

Basilikum – Liebeskraut für in Salate und Saucen.
Birnen – Saftig.
Bonbons – Himmlisch lecker, vor allem mit Kräutern wie Rosmarin und Pfeffer!
Champagner – Prickelnd symbolisch.
Datteln – Füllen Sie Datteln mit einer Käsecreme und frischen Früchten.
Eier – Hartgekocht und/oder auf vielerlei Weisen verarbeitet.
Eiswürfel – Lassen Sie Ihre Phantasie mal spielen...
Erdbeeren – Genießen Sie Erdbeeren zusammen mit Champagner und sonst nichts...
Feigen – Frisch oder getrocknet ein Leckerbissen.
Feta – Mit Olivenöl und Paprikapulver.
Ginseng – Ein wenig zum Fruchtsaft und Sie werden wie verwandelt sein.
Gurke – Dekorativ gefüllt als Schale für Dips, aber auch frisch zur Abkühlung.
Honig – Ein stimulierender und sanfter Süßmacher.
Ingwer – Scharf und heiß, dann angenehm erwärmend.
Kaviar – Teuer und exklusiv.
Kirschen – Vom Stengel abknabbern.
Knoblauch – Essen Sie beide davon, sonst vergeht dem einen schnell die Lust mit dieser ‚Stinkenden Rose'.
Liebstöckel – Würzig und anregend.
Mango – Saftig und süß.
Meerrettich – Scharfmacher.
Minze – In Drinks und Desserts, frisch und prickelnd.
Möhren – Vielfältig zu verwenden.
Muscheln – Sanft und besonders.
Nektarinen – Saftig und stramm.
Oregano – Stimulierend.
Pfeffer – Anregend und prickelnd.
Pfirsiche – Saftig und zart.
Radieschen – Herrlich würzig und in tausend Formen zubringen.
Schokolade – Als Ersatz für Liebe. Steigert das Verlangen nach mehr.

Sellerie – Schon beinah sprichwörtlich anregend. Ein sexy Gemüse.
Spaghetti mit roter Sauce – Allein schon wegen der Weise, wie man die essen kann...
Spargel – Mit Eiern und Schinken die ultimative Liebesmahlzeit; enthält tatsächlich erotisierende Stoffe.
Tomate – Seit jeher die Liebesfrucht, auch Liebesapfel genannt.
Trauben – Zum aus der Hand essen...
Trüffel – Exklusiv, aber man braucht nur ganz wenig davon. Schon fast dekadent sündig: Ein paar Trüffelscheiben auf Rührei.
Vanille – Dieses aparte Gewürz soll die Menschen ganz wild machen.

Tips für schmackhafte Lustmacher

- Erdbeeren mit oder ohne Schlagsahne.
- Haben Sie immer ein paar kleine Wodkafläschchen im Gefrierfach.
- Heben Sie kleine Schnapsfläschchen auf und füllen Sie Wein hinein, den Sie dann zu den Häppchen servieren. Sie wissen, zuviel Alkohol macht müde...
- Stellen Sie hübsch dekorierte, kleine Snacks bereit. Richten Sie die Häppchen gleich in Löffeln an: In die Mitte eines großen runden Tellers legen Sie etwas geschnittenes Brot oder Gemüse. Rundherum legen Sie Eßlöffel mit dem Stiel nach außen. In die Löffel dekorieren Sie die Snacks, z. B. Guacamole, Hummus, verschiedene Tapenaden, Oliven, Aioli. Nun zusammen dippen und einander dabei gegenseitig füttern und natürlich tief in die Augen schauen.
- Essen mit den Fingern kann sehr sinnlich sein…
- Servieren Sie spanische Tortilla in kleine Würfel geschnitten, vielleicht mit einer Olive oben drauf.

  Füllen Sie eine feuerfeste Schale mit Tortillachips. Darauf verteilen Sie in Ringe geschnittene Paprikaschoten (vorzugsweise die hellgrünen türkischen). Dann etwas geriebenen Cheddar darüber streuen. Im Backofen überbacken bis der Käse geschmolzen ist und mit Tomatensalsa, saurer Sahne und/oder Guacamole servieren. Dazu trinken Sie einen *Frozen Margarita.*
- Japanische Fischhäppchen (Sushi) müssen Sie nicht selbst machen, auch wenn das vielleicht leckerer wäre. Entweder gibt es sie beim

Fischhändler oder als Take-away in einem Sushi-Imbiß. Natürlich stilecht mit Stäbchen zu essen!
– Anregender Nachtisch: Getrocknete Feigen mit etwas Amaretto und etwas Zimt auf kleiner Flamme weich köcheln. Abkühlen lassen und mit Schlagsahne servieren. Dazu ein Likörgläschen Amaretto mit Sahne und Kaffee. Auch lecker: Eine große Schale mit handgemachten Bonbons, kleinen (selbstgemachten) Keksen und After-Dinner-Mints, türkischem Honig, Feigen und Datteln. Dazu Tee mit Honig.

REZEPTE ZUM ELEMENT FEUER

Snacks und Dips

Pikante Muscheln

300 g gekochte Muscheln in der Schale – 75 g Kräuterbutter – feingewürfelte Zwiebel – Zwiebelgrün – Schnittlauch

Muscheln in eine feuerfeste Schale legen. Auf jede Muschel ein kleines Stück Kräuterbutter, etwas Zwiebel und einige Ringe vom Zwiebelgrün legen. Im Backofen bei 200° C ca. 10 Minuten überbacken. Mit Schnittlauch bestreut servieren.

Pikante Spanische Tortilla

3 Zwiebeln – 3 Knoblauchzehen – 1 Bund Petersilie – Pfeffer und Salz – 500 g Kartoffeln in ganz kleinen Würfeln – 1 Dose Tomatenwürfel – viel Olivenöl – 5 Eier – Cayennepfeffer und Paprikapulver nach Geschmack

Zwiebeln fein hacken und zusammen mit dem frisch gepreßten Knoblauch und den Kartoffeln in heißem Olivenöl anbraten. Mit Salz und Pfeffer würzen. Dann auf kleiner Flamme ca. 15 Minuten garen und dann abkühlen lassen. Petersilie fein hacken und unterheben. Die Tomaten zugeben. Die Eier aufschlagen und dazu geben. Alles gut mischen. Öl in einer soliden Pfanne mit dickem Boden erhitzen, die Mischung hineingeben und ca. 2 Minuten scharf anbraten. Dann auf kleiner Flamme ca. 25 Minuten garen lassen. Im Backofen (möglichst mit Grill, sonst Oberhitze) kurz überbacken. Dann entweder gleich heiß oder später kalt servieren.

Guacamole

1 reife Avocado – 2 Knoblauchzehen – 1/2 Becher saure Sahne – 3 EL Tomatensalsa – 1 Messerspitze gemahlenen Koriander – 1 Messerspitze gemahlenen Kümmel – 1 EL Mayonnaise – Pfeffer und Salz – Tabasco nach Geschmack

Die Avocado halbieren, den Kern entfernen und das Fruchtfleisch heraus löffeln. In der Küchenmaschine oder im Mixer mit den restlichen Zutaten pürieren. Pfeffer, Salz und Tabasco abschmecken. Mit Tortilla-Chips servieren.

Tomatensalsa

450 g Tomaten, ohne Haut und Kerne – 1 grüne Paprika – 1 rote Zwiebel – 3 Knoblauchzehen –1 TL Koriander – Pfeffer nach Geschmack – 2 EL Limonensaft – 1/2 TL Salz

Tomaten, Paprika und Zwiebel in ganz kleine Stücke schneiden. Mit zerdrücktem Knoblauch, den Gewürzen und dem Limonensaft gut vermischen oder im Mixer zu einer feinen Paste pürieren. In letzterem Fall brauchen Sie die Zutaten zuvor nicht so klein zu schneiden.

Hummus bi tahina

1 Dose Kichererbsen – 1 Limone – 2 EL Tahin (Sesampaste) – 1 EL Olivenöl – 1 EL Petersilie – 3 Knoblauchzehen – Salz – 1 Messerspitze Paprikapulver, rosenscharf

Kichererbsen ablaufen lassen. Dann alles Zutaten im Mixer zu einer glatten Paste pürieren. Nach Geschmack salzen. Schmeckt herrlich zu Pitabrot oder marokkanischem bzw. türkischem Brot.

Tapenade
200 g entkernte grüne und schwarze Oliven – 4 Sardellenfilets – 2 Knoblauchzehen – 50 g Kapern – 1 Messerspitze Oregano – 1 Messerspitze Paprikapulver – 10 ml Olivenöl – frisch gemahlenen Pfeffer
Alles im Mixer zu einer glatte Paste pürieren. Dann im Kühlschrank ziehen lassen. Mit Brot oder auf geröstetem Stockbrot servieren. Als Variation können Sie der Tapenade auch einige getrocknete Tomaten, gegrillte Auberginen oder eine halbe rote Paprika zugeben

Aioli
2 Eidotter – 30 ml Olivenöl – 5 Knoblauchzehen – 2 TL Zitronensaft – Salz – frisch gemahlener Pfeffer – 1 Messerspitze Paprikapulver
Die Eidotter mit dem Zitronensaft im Mixer verrühren. Knoblauch zerdrücken und zugeben. Nun bei laufendem Mixer nach und nach das Öl zugeben, bis die Sauce eindickt. Mit Pfeffer, Salz und Paprikapulver abschmecken und mit frischem Brot servieren.

Argentinisches Chimichurri (Barbecue-Sauce)
1 rote Zwiebel – 1 weiße Zwiebel – 4 Knoblauchzehen – 2 rote und 2 grüne Paprika – 5 EL fein gehackte Petersilie – 1 Messerspitze gemahlene Muskatblüte (Mazis) – 2 Lorbeerblätter – 25 ml Olivenöl – Salz nach Geschmack – 1 TL frisch gemahlener Pfeffer – 1 Messerspitze Cayennepfeffer
Zwiebeln, Knoblauch und Paprika sehr fein hacken. Alles in einen Topf geben und gut mischen. Ggf. noch mit Cayennepfeffer abschmecken, wenn Sie es lieber sehr scharf mögen. Paßt sehr gut zu gegrilltem Fleisch oder Huhn.

Desserts

Flammende Früchte
1 ganze Ananas – hochprozentiger Likör oder Rum – 2 Fonduegabeln – frisches Obst: Erdbeeren, Melone, Banane, Apfel, Pfirsich, Kiwi – Zucker – Schlagsahne
Schneiden Sie die Kappe mit dem Strunk der Ananas ab. Schneiden Sie auch unten eine Scheibe ab, damit die Frucht eigenständig stehen bleibt.

Dann aushöhlen und das Fruchtfleisch mit Ausnahme des Strunks aufbewahren. Den Rest des Obstes waschen und in Stücke schneiden. Banane und Apfel gegen Verfärbung mit Zitronensaft besprenkeln. Alles in die ausgehöhlte Ananas füllen.
Vor dem Servieren übergießen Sie den Fruchtsalat mit etwas Likör oder Rum. In einem Eßlöffel erwärmen Sie z.B. über einer Kerze etwas Likör / Rum und zünden ihn an. Vorsichtig über die Früchte gießen, damit Sie das Ganze noch leicht brennend servieren können. Dazu reichen Sie geschlagene Sahne, Eis oder eine süße Vanillesauce.

Flambieren für Anfänger

Arbeiten Sie beim Flambieren sorgfältig und ruhig. Geben Sie den Likör in einen großen Löffel (Suppenlöffel, Schöpfkelle) und erwärmen Sie ihn über einer Gasflamme. Halten Sie den Löffel dann etwas schräg, so daß der Likör entflammt. Gießen Sie den brennenden Likör vorsichtig z.B. über die Früchte und servieren Sie sofort, solange die Flammen noch bläulich brennen. Flambieren Sie nie unter einer eingeschalteten Dunstabzugshaube, denn die saugt die Flammen nach oben und ehe Sie sich versehen, steht alles in Brand!

Vulkan

1 großer Rührkuchen – 3 Eiweiße – Zucker – 2 Liter Schokoladeneis – Orangenlikör

Einen Tag vor dem Servieren vorbereiten. Das Eis etwas antauen lassen und in eine große Schüssel umfüllen. Dann zurück in den Gefrierschrank.
Am nächsten Tag kurz vor dem Servieren die Eiweiße mit Zucker zu einem sehr festen Schnee schlagen. Die Schüssel, in der Sie das machen muß absolut fettfrei, sauber und trocken sein, sonst gelingt der Eischnee nicht. Es darf auch kein Eigelb mit hinein geraten.
Den Kuchen in dünne Scheiben schneiden und jeweils mit etwas Orangenlikör beträufeln. Das Eis aus dem Gefrierschrank holen und auf eine feuerfeste Schale stürzen. Die Eishalbkugel mit dem alkoholgetränkten Kuchen belegen. Nun den Eischnee darauf verteilen. Es soll ein

richtiger Berg mit Spitzen und Tälern entstehen. Das können Sie mit einem Eßlöffel so hin bekommen. Das ganze unter einen vorgeheizten Grill auf höchster Stufe oberflächlich bräunen oder mit einem Creme-brûlè-Brenner abflämmen. Eine gut ausgespülte halbe Eierschale mit Likör füllen und so auf den Gipfel setzen, daß man die Schale nicht mehr sieht. Etwas Likör auf einem Eßlöffel erwärmen und anzünden. Brennend in die Eierschale gießen, so daß der darin befindliche Likör auch anfängt zu brennen. Dann den Vulkan sofort servieren.

Cocktails

Eiskalte Drinks, damit Ihnen warm wird...

Frozen Margarita (1 Person)

1 Schnapsglas Tequila – 1 Schnapsglas Triple sec – 1 Schnapsglas Zitronen- oder Limonensaft – Salz zur Deko – Eiswürfel

Im Mixer zu einem schaumigen Drink mixen. Den Rand des Glases mit Limonensaft anfeuchten und in das Salz tauchen. Den Drink einfüllen und mit einer auf den Rand gesteckten Limonenscheibe servieren.

Zar Extra (1 Person)

1,5 Schnapsgläser Mandarine Napoleon – 1 Schnapsglas Wodka – 1,5 Schnapsgläser Orangensaft – Schuß Grenadine – 2 EL Sahne – Eiswürfel

Im Cocktailshaker alles gut mixen. In ein schönes Glas füllen und mit einer Orangenscheibe und Cocktailkirsche dekorieren. Das Glas kann auch gerne einen Zuckerrand bekommen. Vorsicht: Nach diesem Drink wird man leicht süchtig!

Mandarine Imperial Sunrise (1 Person)

1 Schnapsglas Mandarine Napoleon – 1 Schnapsglas Tequila – 2 Schnapsglas Orangensaft – Schuß Grenadine – Eiswürfel

Shaken und auf gecrushtem Eis servieren.

Banana Colada smoothie (2 Personen)

1 Schnapsglas Pisang Ambon – 1 Schnapsglas weißer Rum – 1 Schnapsglas Malibu – 1 Schnapsglas Sahne – 1 Schnapsglas Kokosmilch – 1 Kugel

Vanilleeis – 2 Schnapsgläser Ananassaft – 1 Banane – Eiswürfel – Ananasstücke – 4 Trinkhalme – 2 rote Kirschen
Bis auf eine halbe Banane, die Ananasstücke und die Kirschen alles im Mixer mischen. Die halbe Banane (noch in der Schale) in Scheiben schneiden und jeweils eine Scheibe auf den Glasrand stecken. Auf einen Cocktailspießchen Ananasstücke und Kirsche spießen und jeweils über das Glas legen. Mit je zwei Trinkhalmen servieren.

Merry Berry (2 Personen)
2 Schnapsgläser Fraise des Bois – 2 Schnapsgläser weißen Rum – 2 Schnapsgläser Sahne – 2 Kugeln Vanilleeis – etwas Puderzucker – Eiswürfel – einige frische Erdbeeren, plus 2 für die Garnierung – 4 Trinkhalme – bunte, feine Zuckerperlen – Zitronensaft – 2 kleine Rosenblüten
Legen Sie zwei schöne Erdbeeren für die Dekoration zurück und pürieren Sie den Rest mit den übrigen Zutaten im Mixer. Wenn der Cocktail Ihnen nicht süß genug ist, dann geben Sie noch etwas Puderzucker dazu. Befeuchten Sie die Ränder zweier Gläser mit etwas Zitronensaft und tauchen Sie sie in die bunten Zuckerperlen.Dann den Erdbeercocktail einfüllen, je eine Dekoerdebeere auf den Glasrand stecken und die Rosenblüte einstecken.

MAGISCHE UND RITUELLE REZEPTE

In vielen Rezepten werden ätherische Öle verwendet. Im Allgemeinen gilt, daß die hundertprozentig reinen, natürlichen Öle die Besten sind. Testen Sie vor der Verwendung, ob Sie allergisch auf ein Öl reagieren. Tupfen Sie einen Tropfen des fraglichen Öls auf die Innenseite des Ellenbogens. Treten Hautrötungen auf, sollten Sie dieses Öl nicht verwenden. Bleiben Sie nach der Verwendung von Zitrusölen lieber 3-4 Stunden aus der Sonne, da sonst ggf. photoallergische Reaktionen auftreten könnten. Verwenden Sie ätherische Öle auch als Badezusatz niemals pur. Immer mit Basisölen oder Sahne mischen. Lassen Sie ätherische Öle nicht in die Augen kommen!

Aphrodisiaka aus der Pflanzenwelt

Einige Öle haben eine besondere, die Sinne anregende Wirkung. Sie korrespondieren nicht alle nur mit dem Element Feuer, sondern auch mit den anderen Elementen. Ich führe Sie jedoch hier auf, weil die Mischungen daraus vor allem bei Massagen sehr gut wirken. Das betrifft die folgenden Öle: Basilikum, Benzoe, Bohnenkraut, Ingwer, Jasmin, Kardamom, Kiefer, Kopal, Koriander, Kümmel, Lavendel, Magnolie, Mimose, Myrrhe, Moschus, Muskatnuß, Neroli, Orange, Passionsblume, Patchouli, schwarzer Pfeffer, Rose, Safran, Sandelholz, Tonka, Tuberose, Vanille, Veilchen, Weihrauch und Ylang-Ylang, Zeder und Zimt. Die ausführliche Liste der mit Feuer korrespondierenden Öle finden Sie auf S. 135.

Partnermassage

Leidenschaft
25 ml Mandelöl
25 ml Aprikosenkernöl
1 Tropfen Jasmin
5 Tropfen Sandelholz
3 Tropfen Orange
4 Tropfen Ylang-Ylang
2 Tropfen Neroli

Tantalisierendes Tantraöl
50 ml Jojobaöl (als Basisöl)
4 Tropfen Blutorange
7 Tropfen Ylang-Ylang
3 Tropfen schwarzer Pfeffer
3 Tropfen Ingwer
7 Tropfen Sandelholz

Liebesöl
50 ml Jojoba-, Mandel- oder Aprikosenkernöl
1 Tropfen Rosa damascena
3 Tropfen Patchouli
6 Tropfen Ylang-Ylang
6 Tropfen Basilikum
3 Tropfen Rosmarin
1 Tropfen Jasmin
4 Tropfen Mandarine

Naturparfüm Havanna nights
5 ml Jojobaöl oder reinen Alkohol
2 Tropfen Jasmin
1 Tropfen Ingwer
6 Tropfen Ylang-Ylang
1 Tropfen Tuberose
4 Tropfen Neroli

Streicheln und massieren Sie Ihren Partner überall dort, wo er es als angenehm und vielleicht sogar erregend empfindet. Bitte aber keine ätherischen Öle im Bereich der Genitalien verwenden. Das könnte zu unangenehmen allergischen Reaktionen führen. Halten Sie das Massageöl auch fern von Kondomen. Öl greift das Latex an und macht es porös bzw. löst es geradezu auf. In der Regel ist es aber kein Problem, das Öl in den Mund zu bekommen, etwa beim Küssen oder liebevollen Lecken.

Massageöl Love Potion

	weiblich	*männlich*
Basisöl	Basisöl 30 ml	Basisöl 30 ml
ätherische Öle	8 Tropfen Grapefruit	6 Tropfen Orange
	6 Tropfen Ylang-Ylang	4 Tropfen Muskatnuß
	4 Tropfen Muskatellersalbei	2 Tropfen Jasmin
	3 Tropfen Sandelholz	2 Tropfen Mairose
		3 Tropfen Geranium rose

Massageöl bei Stress, Spannungs- oder Angstgefühlen (speziell auf dem Gebiet von Sinnlichkeit und Sexualität)

	weiblich	*männlich*
Basisöl	Basisöl 30 ml	Basisöl 30 ml
ätherische Öle	7 Tropfen Mandarine	4 Tropfen Neroli
	6 Tropfen Geranium bourbon	1 Tropfen Melisse
	4 Tropfen Ingwer	5 Tropfen Koriander
	1 Tropfen Vetiver	1 Tropfen Ingwer
		2 Tropfen Rosenholz

Weitere Rezepte

Liebeszauber

Mischen Sie aus folgenden Kräutern einen erotisierenden Tee: Hennablätter, Eisenkraut (Verbena officinalis), Schafgarbe, Bohnenkraut, Passionsblume, Rosenblätter oder Hagebutten und Jasminblüten.

Liebescrème

Mischen Sie 30 g Basiscrème mit 2 Tropfen Rosenholz, 4 Tropfen Ylang-Ylang und 3 Tropfen Weihrauch, 2 Tropfen Narde (Jatamansi) und 1 Tropfen Patchouli. Wirkt auch gegen Falten und Pickel.

Potpourri Türkischer Obstgarten

Gibt Wohn- und Schlafzimmern einen sinnlichen Duft.
Ölmischung: 20 Tropfen Bergamotte, 8 Tropfen Ylang-Ylang, 5 Tropfen Mairose, 1 Tropfen Patchouli, 4 Tropfen Vanille, 2 Tropfen Vetiver.
Gewürze: einige Gewürznelken, eine Zimtstange, einige schwarze Pfefferkörner, einige Kardamomkapseln.
Mörsern Sie die Gewürze fein und vermengen Sie das Pulver mit 10 Tropfen der Ölmischung. Füllen Sie eine Schale mit getrockneten Blüten (Rose, Jasmin, Tuberose oder andere duftende Blüten) und geben Sie die Gewürz-Ölmischung dazu. Alles gut vermengen und in den gewünschten Raum stellen. Duftet herrlich!

Mazerate, die Kraft von Pflanzen extrahiert in der Sonne

Ein Mazerat (Ölauszug) ziehen Sie aus kräftigen Pflanzen, die bei einer Destillation einen großen Teil ihrer wertvollen Inhaltsstoffe verlieren würden oder einfach zu intensive Destillate liefern. Während des Mazerationsprozesses gehen die Inhaltsstoffe der Pflanze ins Basisöl über. Mazerate sind hochwertige Naturprodukte, die meist mit anderen Basisölen verdünnt verwendet werden. Mazerieren nennt man den Vorgang des Ölauszugs, der vorzugsweise in der direkten Sonneneinstrahlung stattfindet. Ein bekanntes Beispiel ist das Johanniskraut-Öl (Hypericum perforatum) mit seiner charakteristischen roten Farbe.
Im Prinzip können Sie fast alle Pflanzen mazerieren, beispielsweise duftende Lilien, Geißblatt oder Jasmin aus Ihrem Garten.

Vorgehensweise:

Pflücken Sie die Blüten an einem trockenen, sonnigen Morgen kurz bevor sie sich völlig entfalten. Füllen Sie die frischen Blüten locker in durchsichtige Glasbehälter (Einweckgläser o.ä.) und lassen Sie die Gläser noch einige Stunden offen stehen, bis der Großteil der Restfeuchte

(von Tau etc.) verdunstet ist. Gießen Sie dann mit Basisöl (Olivenöl, Mandelöl etc.) auf. Bei Johanniskrautöl nimmt man z.B. Olivenöl, auch wegen seiner hautpflegenden Eigenschaften. Ich empfehle Ihnen Jojobaöl. Dieses Öl ist lange haltbar und hat keinen Eigengeruch, wodurch sich die Blütengerüche optimal entfalten können.
Verschließen Sie nun den Behälter und stellen Sie ihn direkt ins Sonnenlicht, vorzugsweise draußen. Dort bleibt er drei bis vier Wochen stehen. Drehen Sie ihn regelmäßig und schütteln Sie den Inhalt ab und zu vorsichtig durch. In alchemistischer Betrachtungsweise verstärkt tagsüber die Goldtinktur (Energie der Sonne) und nachts die Silbertinktur (Energie des Mondes) das Mazerat.
Nach der Reifezeit filtern Sie das Mazerat durch ein Sieb. In einem dunklen Gefäß (z.B. braune Glasflasche oder Schraubglas) hält es sich mindestens ein Jahr. Möchten Sie das Mazerat noch kräftiger machen, dann wiederholen Sie den Vorgang mit frischen Blüten und gießen aber das schon aromatisierte Öl des ersten Durchgang darauf.

After-Sun Öl / Sonnenbrand
Verwenden Sie die medizinische Varietät der Aloe vera, Aloe barbadensis, und bereiten Sie ein Mazerat aus den Blättern in Sojaöl. Das Gel der Blätter ist auch pur erhältlich. Aloe-Mazerat wirkt durchblutungsfördernd, hydrierend, entzündungshemmend und reguliert den Zellaufbau der Haut. Die Selbstheilungskräfte der Haut werden dadurch angeregt und gestärkt. Wenden Sie dieses Mazerat als After-Sun-Öl oder bei Sonnenbrand, Verbrennungen, Schürf- und Schnittwunden an. Auch bei Warzen, Schwangerschaftsstreifen, zur Narbenbehandlung und als Feuchtigkeitsöl geeignet.

DIE ZWEI GESICHTER DES FEUERS

Beinahe alle Lebensformen auf der Erde sind direkt oder indirekt vom Sonnenlicht abhängig. Die Sonne ist eine unerschöpfliche Energie- und damit Lebensquelle. Leider werden die Energien der Sonne noch lange nicht so ausgenutzt, wie es sein könnte.
Auf der anderen Seite kann die Sonne aber auch gefährlich für uns sein. Wer das nicht im Kopf hat, spielt buchstäblich mit dem Feuer.

Wirtschaftliche Sonnenenergie

Alle Mosaiksteinchen, die helfen, unsere Welt vor weiterer Verschmutzung zu schützen und die beispielsweise den Kohlendioxidausstoß reduzieren können, sind willkommen. Sonnenenergie hat keine schädlichen Einflüsse auf die Umwelt, eine schonendere Energie gibt es nicht. Ein Sonnenkollektor ist in Relation gar nicht so teuer, wie es auf den ersten Blick erscheint. Aufgrund der Energieeinsparung ist er auf Dauer sogar günstiger. Sie brauchen allerdings etliche Quadratmeter für die Kollektorenflächen, um effizient arbeiten zu können. Es gibt zudem staatliche Unterstützungen zur Förderung erneuerbarer Energien, die Sie für die Installation nutzen sollten.
Hier eine Liste der Vorteile von Sonnernenergie:

- Die Sonne ist eine unerschöpfliche und dauerhafte Energiequelle.
- Sonnenenergie ist umweltfreundlich.
- Sonnenenergie ist fast überall auf der Welt gewinnbar.
- Sonnenenergie kann auf unterschiedliche Weise gewonnen werden. Mit kleinen Kollektoren auf einem Wohnhausdach oder in größeren Kollektorenanlagen an abgelegenen Plätzen, z.B. in der Wüste.

Der Nachteil ist, daß sich die Investitionen erst nach einer geraumen Zeit amortisieren.

Vorsicht mit der Sonne…

Sonnenanbetung war schon in den ältesten Zivilisationen Teil von religiösen Ritualen und Gottesdiensten. Die Sonne galt schon immer als Quelle von Leben und Lebenskraft.

Der moderne Mensch pflegt die Sonnenanbetung auch, allerdings auf andere Weise als man es früher tat. Wenn die Sonne scheint und das Wetter schön ist, dann ziehen die Sonnenanbeter in Scharen an die Strände und in die Schwimmbäder. Sie alle wollen ausruhen und die Wärme genießen, vor allem aber wollen sie braun werden. Das Schönheitsideal der Gegenwart ist eine schön gebräunte Haut. Wer dagegen blaß und bleich aussieht, gilt als kränklich.
Zu viel Sonne ist allerdings nicht gesund und birgt einige Gefahren. Neben Sonnenbrand und Sonnenstich kann zu viel Sonne Hautkrebs (Melanome) verursachen, der bei zu später Behandlung durchaus zum Tode führen kann. Die Strahlung der Sonne, und hier insbesondere die für die Hautkrebsentstehung verantwortliche UV-Strahlung, wird immer stärker, oder genauer, gelangt immer stärker bis zur Erde. Diese Strahlungen werden durch die Ozonschicht der Atmosphäre aufgehalten, die normalerweise zwischen 15 und 45 km dick ist. Über dem Südpolgebiet ist diese Schicht aber inzwischen viel dünner, das sogenannte Ozonloch. Das schützende Ozon wird nämlich durch bestimmte Gase zerstört (vor allem FCKW), die durch menschliche Aktivitäten (Industrieproduktion etc.) in die Atmosphäre gelangen. Da die Ozonschicht immer dünner wird, können auch immer mehr schädliche Strahlen diese Schicht durchdringen und auf die Erdoberfläche gelangen, wo sie nicht nur Sonnenbrand verursachen, sondern auch wichtige Mikroorganismen abtöten.
Das KNMI (Königlich Niederländisches Institut für Meteorologie) hat eine Tabelle zusammengestellt, aus der Sie die Sonnenintensität und die Zeit ablesen können, die Sie gefahrlos in der Sonne verbringen können.

Sonnenintensitätsskala des KNMI

Sonnen intensität	*Umschreibung*	*Max. Anzahl in Minuten ungeschützten Sonnenbadens*	*Sonnen brandgefahr*
0	kein	-	-
1-2	fast kein	100-50	-
3-4	schwacher	35-25	-
5-6	mäßiger	25-15	leicht
7-8	starker	15-10	hoch
9-10	sehr starker	weniger als 10	sehr hoch

FEUERGÖTTINNEN UND -GÖTTER

(Ä) – Ägyptisch, (B) – Babylonisch/Sumerisch, (C) – Chinesisch, (G) Germanisch, (GR) – Griechisch, (H) – Hindu, (I) – Inka, (J) – Japanisch, (K) – Keltisch, (M) – Maya, (R) – Römisch

Feuergöttinnen

Amaterasu (J) – Sonnengöttin der Shinto-Religion.
Aine (Lair Derg) (K) – Sonnengöttin.
Aimend (K) – Sonnengöttin.
Andraste (K) – Kriegsgöttin.
Astarte/Inanna/Ishtar (B) – Kriegsgöttin aus Mesopotamien.
Aurora (R) – Göttin des Sonnenaufgangs.
Badb (K) – Kriegsgöttin. Sie konnte den Ausgang einer Schlacht beeinflussen, indem sie den Kriegern Mut oder Angst einblies.
Ban Naomha (K) – Sonnengöttin.
Bast (Ä) – Sonnenaufgang.
Bellona (R) – Göttin des Krieges.
Brigid/Brighid/Brigit (K) – Göttin von Heilkunde und Fruchtbarkeit. Brigid wird während Imbolc, am 1. Februar verehrt.
Grian (K) – Sonnengöttin.
Macha (K) – Kriegsgöttin.
Morrigan (K) – Göttin von Tod und Krieg. Erschien häufig in Gestalt einer Krähe auf der Schulter des besiegten Feindes.
Nemain (K) – Kriegsgöttin die, als Waschfrau gekleidet, Unheil ankündigte.
Nemesis (GR) – Nemesis bedeutet rechtschaffene Wut, zum Gesetz erheben oder heilige Rache. Diese Göttin hilft denjenigen, denen Unrecht geschehen ist, Rache zu nehmen.
Nephthys (Ä) – Schwester von Isis und Göttin des Begräbnisses.
Nike (GR) (Viktoria R) – Göttin und Personifikation des Sieges. Sie kann unglaublich schnell laufen und fliegen.
Sati (Ä) – Göttin der Elefanten. Sie symbolisiert das Element Feuer.

Shakti (H) – Göttin der Sexualität.
Sekhmet (Ä) – Göttin des Sonnenuntergangs, der Vernichtung, Gesundheit, des Feuers und der Weisheit.
Stata Mater (R) – Göttin, die vor dem Feuer schützt.
Venus (R) (Aphrodite GR) – Göttin der Liebe, der Schönheit und des sexuellen Begehrens. Wird mit der Ankunft des Frühlings assoziiert. Venus bringt sowohl den Menschen als auch den Göttern Freude.
Vesta (R) (Hestia GR) – Göttin der Herdfeuers und des Haushaltes.

Feuergötter

Anhur (Ä) – Gott der Sonnenkraft. Symbolisiert Luft und Feuer.
Anteros (R) – Gott der Liebe und der Leidenschaft, vor allem der gegenseitigen Liebe. Er strafte die, welche eine Liebe nicht erwiderten.
Apollo (G und R) – Sonnengott.
Ares (GR) (Mars R) – Kriegsgott. Symbolisiert Schutz, Kraft, Gesundheit und Energie. Er gilt als mörderisch und blutrünstig, aber auch als Feigling.
Äskulap (GR) – Gott der Unterwelt und der Heilkraft.
Atum (Ä) – (auch: Ra) Sonnengott.
Belenos (K) – Gott des Feuer, der Sonne, der Fruchtbarkeit und Reinigung.
Cacus (R) – Dämon und Feuergott.
Corus (GR) – Gott des Nordwindes und des Nordostwindes.
Cupido (R) (Eros GR) – Gott der Liebe und sexuellen Begierde.
Eros (GR) (Cupido R) – Gott der Liebe und sexuellen Begierde. Wird auch als Fruchtbarkeitsgott angebetet.
Helios (GR) (Sol R) – Helios ist der griechische Sonnengott. Jeden Morgen fuhr er in seinem Sonnenwagen vom Ozean im Osten über den Himmel los, um bei Anbruch der Nacht im Westen anzukommen. Sein Wagen wurde von den Pferden Pyrois, Eos, Aethon und Phlegon durch die Luft gezogen. Helios sieht und weiß alles.
Hephaistos (GR) – Der göttliche Hufschmied und Feuergott. Er schmiedet die Rüstungen und Waffen der Götter. Das Feuer in seiner Schmiede kommt aus einem Vulkan. Zugleich ist dieser freundliche und friedliebende Gott der Schutzpatron der Schmiede und Weber.

Huitzilopochtli (I) – Sonnengott und Kriegsgott.
Kampe (GR) – Ein riesiger Drache, geschickt von Kronos, damit er die Ungeheuer, die Gaia gebar, in ihren Höhlen bewachen sollte.
Loki (G) – Gott des Feuer.
Lugh/Lugh/Lleu (K) – Sonnengott, stark, jung und Meister aller Künste.
Marduk (B) – Gott der Sonne.
Mars (R) (Ares GR) – Kriegsgott. Symbolisiert Schutz, Kraft, Gesundheit und Energie.
Mithras (R) – Gott der Sonne, stammt ursprünglich aus Persien.
Pothos (GR) – Gott der Liebe, Leidenschaft und Begierde. Ein Gefährte der Aphrodite.
Quetzalcoatl (M) – Sonnengott. Der Name Quetzalcoatl bedeutet 'gefiederte Schlange'.
Ra (Ä) – Sonnengott, auch unter dem Namen Atum oder Aton und als Gott der Unterwelt bekannt.
Sebek/Sobek (Ä) – Krokodilgott.
Shamash (G) – Gott der Wahrsagerei. Der Feind alles Bösen, der Licht ins Dunkel bringt.
Sol (R) (Helios GR) – Gott der Sonne.
Shiva (H) – Gott der Sexualität und der Unterwelt.
Thor (G) – Himmelsgott, der mit Hilfe seines Hammers Mjollnir, der zugleich ein Phallussymbol ist, für Donner und Feuer sorgt.
Tonatiuh (M) – Sonnengott.
Viracocha (I) – Sonnengott.
Vulkanus (R) – Gott des Feuers, speziell des zerstörenden Feuers, und des Handwerks.
Xiuhtecuhtle (M) – Feuergott.

ALLGEMEINE KORRESPONDENZEN

Element	***Feuer***
Geschlecht	männlich
Tierkreiszeichen	Widder, Löwe, Schütze
Planeten	Mars, Sonne, Jupiter
Temperament	cholerisch
Psychisch	hysterisch
Typ	Intuition
Jungianisch	unternehmungslustig und impulsiv
Feste	Beltane, Mittsommer
Sinn	Sehen
Geschmack	sauer
Stoff	Energie
Synonym	Lebenszweck
Körperteil	Leber, Gallenblase, Muskeln und Sehnen
Alchemie	Schwefel
Magische Gegenstände	Stab
Magieform	Kerzen, Drachen, Musik, Sex, Feuer, Schutz, Austreibung
Steine	Rubin, Granat, roter Turmalin, Tigerauge, Zitrin, Sodalit, Türkis, Goldtopas
Bäume	Hasel, Erle, Kastanie, Lärche, Fichte, Weißdorn
Naturwesen	Salamander
Musikinstrumente	Saiteninstrumente
Tarot	Stäbe
Jahreszeit	Sommer
Temperatur	Feuchtigkeit
Entwicklungsstufe	Schwimmen
Metalle	Silber
Tageszeit	Mittag
Lebensabschnitt	20 – 40 Jahre
Qualitäten	Lebensfreude, Begeisterung, Leidenschaft, Heiterkeit, Eifer, Selbstvertrauen; herzlich, optimistisch, unternehmungslustig, kreativ, temperamentvoll
Fehler	aufbrausend, übertreibend, snobistisch, jähzornig, fanatisch, ungeduldig, egozentrisch, bringt nichts zu Ende, leichtsinnig, schroff

ÄTHERISCHE ÖLE

Ätherische Öle mit starkem Feuercharakter sind meist Öle aus Samen und Blüten.

Basilikum	Ocimum Basilikum L. var. Basill. (Aphrodisiakum)
Borneol Kampfer	Dyrobalanopsis aromatica
Cajeput	Melaleuca minor
Calendula	Calendula officinalis (meist als Mazerat)
Cassie	Cinnamomum cassia
Dill	Anethum graveolens
Engelwurz (Angelika)	Angelica archangelica
Galgant	Alpina officinalis Hance
Geranium rose	Pelargonium roseum
Gewürznelke	Eugenia caryophyllata
Heiligenkraut	Santolina chameacyparissus
Ingwer	Zingiber officinalis Roes. (Aphrodisiakum)
Jasmin	Jasminum officinalis
Johanniskraut	Hypericum perforatum (meist als Mazerat)
Kardamom	Elettaria cardamomum
Klementine	Citrus deliciosa
Knoblauch	Allium sativum
Koriander	Coriandrum sativum
Kümmel	Cuminum cyminum
Mandarine	Citrus reticulata
Manuka	Leptospermum scoparium
Moschussamen	Hibiscus abelmoschus
Oregano	Origanum vulgare
Pfeffer, schwarz	Piper nigrum
Rosmarin	Rosmarinus off. Cor.
Sassafras	Ocotea pretiosa (wegen Giftigkeit nicht auf dem Körper anwenden)
Sternanis	Illium verum
Thymian	Thymus serpyllum

Wacholderbeere	Juniperus communis
Möhrensamen	Daucus carotta var. Sativus H. (meistens als Mazerat)
Zimt	Cinnamomum verum
Zitrone	Citrus limonia L. Burn

Einige Zitrusöle werden mehreren Elementen zugeordnet.

KORRESPONDENZEN FÜR DAS ANFERTIGEN EINES STABES

E = Erde, L = Luft, F = Feuer, W = Wasser
m = männlich, w = weiblich

Material	Element	Geschlecht	Qualitäten
Birke	W	w	Reinigend, was mit dem Mond zu tun hat
Buche	E	w	Dauerhaftigkeit, Energie, Vertrauenswürdigkeit
Eiche	E	w	Kraft, Einsicht, Verstand, Schutz, Fruchtbarkeit, Divination
Esche	L	m	Intellekt, Gesundung, Schnelligkeit, Kraft
Hasel	F	m	Weisheit, Glück, Wahrsagen, Schutz
Lärche	F	m	Schutz
Linde	W	w	Liebe, Unsterblichkeit
Pappel	E	w	Verleiht Ruhe, Stabilität, Gleichgewicht, Unterstützung, Harmonie, Selbstvertrauen
Pinie	E	w	Kraft, Schutz, Fruchtbarkeit, Geburt
Ulme	W	w	Liebe, Schutz
Weide	W, E, L	beide	Geborgenheit, Einsicht, Kraft, Wiedergeburt, Frühling, Lebensfreude
Zeder	F	m	Glück, reinigend
Aluminium	L	m	leitet Energie, hält Gedanken fest, Reisen
Kupfer	W	w	leitet Energie, Liebe, Gesundung, Schutz
Messing	F	m	leitet Energie, Schutz, Kreativität
Amethyst	W, L, F, E	beide	Spiritualität, Träume, Liebe, Gesundung, hilft gegen Vergiftungen

Aquamarin	L, W	beide	Liebe, Wahrheit, Reinheit, Kommunikation, Einsicht
Aventurin	W, F, E	beide	Einsicht, Energie, beruhigend, Harmonie, heilt starke Emotionen
Bergkristall	E, F, L	beide	besiegt die Angst, schafft Energie, Gesundheit, Klarheit, Bewußtsein
Fluorit	W, L	beide	zieht Energie an. Bei Gesundheitsfragen. Einsicht, Klarheit
Jade	W, F, L	beide	sexuelle Magie, Einsicht in Harmonie, Gleichgewicht
Jaspis	F, W, E	beide	Kraft, Weisheit, Uneigennutz, pflegend
Rauchquartz	E	w	lösend, mildernd, durchdringend, gegen Depressionen
Rosenquarz	E, L	beide	Vereinigung von männlich und weiblich, glückliche Liebe, gegen Liebeskummer, Kreativität
Rubin	F	m	Umwandlung, Passion, Liebe, Intuition
Saphir	W, L, F, E	beide	gegen schwarze Magie, standfest, unzerstörbar
Smaragd	E, W	w	Wachstum, Erneuerung, Harmonie, Liebe
Tigerauge	F	m	Reichtum, Schutz, Gesundheit
Turmalin	W, L, F, E	beide	wehrt Feinde ab und versöhnt sie, liebevoll, zielgerichtete Energie, Ausdruck
Zitrin	E, L, W	beide	körperliche Energie, gegen Depressionen, Selbstvertrauen, innere Konfrontationen

TABELLE ZUR KERZENMAGIE

Ziel: **Astrale Projektion**
Farbe: hellblau, silber, lila, hellrosa und zartgelb
Öl: Benzoe, Zimt, Jasmin, Sandelholz

Ziel: **Schutz**
Farbe: blau
Öl: Engelwurz (Angelika), Zeder, Zimt, Gewürznelke, Fenchel, Wacholderbeere, Myrrhe, Niaouli, Pfefferminze, Petit Grain

Ziel: **Wahrsagen**
Farbe: orange, gold, blau
Öl: Anis, Orange, Gewürznelke

Ziel: **Geld und Erfolg**
Farbe: grün, gold, violett
Öl: Basilikum, Bergamotte, Kamille, Zimt, Gewürznelke, Ingwer, Jasmin, Orange, Kiefer, Vetiver

Ziel: **Glück**
Farbe: rosa, grün, orange und gold
Öl: Lavendel, Orange, Muskatnuß, Rose, Vetiver

Ziel: **Sehnsucht**
Farbe: rot
Öl: Zimt, Gewürznelke, Zitronengras, Rosmarin, Vanille, Ylang-Ylang

Ziel: **Heilung**
Farbe: alle Pastelltöne
Öl: Lorbeer, Koriander, Zeder, Wacholderbeere, Citronelle, Palmarosa, Rosmarin

Ziel: **Liebe**
Farbe: rot, rosa und weiß
Öl: Neroli, Orange, Basilikum, Zimt, Koriander, Geranium Bourbon, Zitrone, Vetiver, Ylang-Ylang

Ziel: **Meditation**
Farbe: orange
Öl: Jasmin, Myrrhe, Kamille, Sandelholz

Ziel: **Mut**
Farbe: rot
Öl: schwarzer Pfeffer, Geranium Bourbon, Tonka, Thymian

Ziel: **Mentale Kraft**
Farbe: grün und violett
Öl: Anis, Lorbeer, Zimt, Muskatnuß, Pfefferminze, Orange

Ziel: **Reinigung**
Farbe: violett, silber, weiß
Öl: Limone, Pfefferminze, Myrrhe, Kamille, Lavendel, Zeder

Ziel: **Austreibung**
Farbe: schwarz
Öl: Basilikum, Kiefer, Gewürznelke, Pfefferminze, Wacholderbeere, Myrrhe, Rosmarin, Sandelholz

SYMBOLIK DER FARBEN

Farbe
B) = Bedeutung
M) = Magische Wirkung

Rot – B) Lebensfreude, Emotionen, die Farbe der aufgehenden Sonne. Eine dynamische Farbe, die aktiviert und großes Selbstvertrauen gibt. Diese Farbe regt an, macht energisch und ist sehr durchdringend. Hilft bei Blutarmut, Diät und Abgespanntheit. – M) Liebe, Passion, Willenskraft, Tatkraft, Mut, Aggression, stimulierende Farbe.

Rosa – B) Die Farbe des Herzens. Symbolisiert Liebe, Zuneigung, Harmonie und Tagträume. Diese Farbe ist buchstäblich süß. – M) Geld und Erfolg, Liebe, Gesundung, Glück, Heilung, astrale Projektion, Ruhe, Freundschaft, Weiblichkeit.

Orange – B) Steht für Optimismus und Lebensfreude und gibt Mut, Kraft, Herzlichkeit und Freude. Stimuliert die Selbstbeherrschung. Diese spirituelle Farbe ist gut für das Selbstvertrauen. Orange hilft bei Magersucht, Allergien, Energiemangel, Trübsinnigkeit und Blutarmut. – M) Wahrsagen, Kreativität, Glück, Meditation, Freude.

Braun – B) Die Farbe der Erde und damit der Stabilität und Geborgenheit. Braun ist eine Naturfarbe, unauffällig aber unverzichtbar. – M) Austreibung, Leidenschaft, Konzentration, Studium, Auffinden verlorener Gegenstände.

Gelb – B) Weisheit, Denkvermögen und Intelligenz. Steht auch für Kreativität, Freude und Aufgewecktheit. Gelb wird mit der Sonne assoziiert. Hilft bei der Harmonisierung des Nervenkostüms, bei Magenproblemen, Verdauung, Stimmungsschwankungen und Lernschwierigkeiten. – M) Kommunikation, Studium, Reisen, astrale Projektion, mentale Kraft, Konzentration, hebt Flüche auf, Vertrauen.

Grün – B) Naturfarbe, stabil, frisch und angenehm. Grün beruhigt die Nerven, schärft die Sinne und verleiht Ruhe und Entspannung, sorgt für Gleichgewicht und Harmonie und steht für Friede und Hoffnung. Grün hilft bei Krämpfen, Arthrose, Augenschmerzen, Erkältung und

Grippe, chronischen Entzündungen und Vergiftungen. – M) Geld und Erfolg, Ruhe, Friede, Kunst, Attraktivität, Fruchtbarkeit, Harmonie.

Türkis – B) Selbstbewußtsein, Freundschaft und Phantasie. Eine sehr aparte Farbe, die Menschen mit Kontaktschwierigkeiten hilft. – M) Heilung, astrale Projektion, Hellsichtigkeit.

Blau – B) Ruhe, Frieden, Entspannung und Harmonie. Bei Blau denken Sie sofort an die Farbe des Himmels. Diese Farbe gibt ein wohltuendes Gefühl von Zufriedenheit und Ruhe. Hilft bei Entzündungen, Zahnschmerzen, Verbrennungen und inneren Blutungen. – M) Schutz, Heilung, Studium, astrale Projektion, Hellsichtigkeit, Weisheit.

Indigo – B) Mystische, spirituelle Farbe die mit Ausgewogenheit, Harmonie und Vollständigkeit in Verbindung gebracht wird. Indigo hilft bei Wachstumsstörungen und Krankheiten am Kopf. – M) Mentale Kraft, Ausgeglichenheit, Leidenschaft, Unabhängigkeit, Kommunikation, Meditation.

Violett – B) Verwandlung, Spiritualität, Mystik und Magie. Hilft bei Haarausfall, Gürtelrose und Migräne. – M) Astrale Projektion, Unabhängigkeit, Abschied, Hellsichtigkeit, Kraft, Meditation.

Grau – B) Vorsicht, Kompromisse, Ruhe und Flexibilität. - M) Eine Farbe, die neutralisiert, Ruhe.

Schwarz – B) Depression, Verlust. In den westlichen Ländern die Farbe von Tod und Reue. Schwarz wird mit Aussichtslosigkeit, das schwarze Loch, Elend und Verdruß assoziiert, bedeutet aber auch einen starken Lebenswillen, Stil und Geheimnis. – M) Bannen, Vernichten, Abschied, das Irdische, eine absorbierende Farbe, Kontrolle.

Weiß – B) Reinheit, Klarheit und Unschuld; Symbol des Lichts, des Jenseits und der universellen Liebe – M) Mondmagie, Reinigung, neutralisierend, astrale Projektion, Einweihung, Schutz.

Silber – B) Wird mit dem Mond und mit Reinheit assoziiert. - M) Mondmagie, astrale Projektion, Friede, Hellsichtigkeit, Stabilität, Ausgeglichenheit, Wahrsagen.

KORRESPONDENZEN ASTROLOGIE

Element	Tierkreiszeichen	Planet	Haus
Feuer	Widder	Mars	1
Erde	Stier	Venus	2
Luft	Zwillinge	Merkur	3
Wasser	Krebs	Mond	4
Feuer	Löwe	Sonne	5
Erde	Jungfrau	Merkur	6
Luft	Waage	Venus	7
Wasser	Skorpion	Pluto	8
Feuer	Schütze	Jupiter	9
Erde	Steinbock	Saturn	10
Luft	Wassermann	Uranus	11
Wasser	Fische	Neptun	12

ASZENDENT BERECHNEN

Tierkreiszeichen → geburtszeit ↓	♈	♉	♊	♋	♌	♍	♎	♏	♐	♑	♒	♓
04-06	♈	♉	♊	♋	♌	♍	♎	♏	♐	♑	♒	♓
06-08	♉	♊	♋	♌	♍	♎	♏	♐	♑	♒	♓	♈
08-10	♊	♋	♌	♍	♎	♏	♐	♑	♒	♓	♈	♉
10-12	♋	♌	♍	♎	♏	♐	♑	♒	♓	♈	♉	♊
12-14	♌	♍	♎	♏	♐	♑	♒	♓	♈	♉	♊	♋
14-16	♍	♎	♏	♐	♑	♒	♓	♈	♉	♊	♋	♌
16-18	♎	♏	♐	♑	♒	♓	♈	♉	♊	♋	♌	♍
18-20	♏	♐	♑	♒	♓	♈	♉	♊	♋	♌	♍	♎
20-22	♐	♑	♒	♓	♈	♉	♊	♋	♌	♍	♎	♏
22-24	♑	♒	♓	♈	♉	♊	♋	♌	♍	♎	♏	♐
24-02	♒	♓	♈	♉	♊	♋	♌	♍	♎	♏	♐	♑
02-04	♓	♈	♉	♊	♋	♌	♍	♎	♏	♐	♑	♒

♈ Widder
♉ Stier
♊ Zwillinge
♋ Krebs
♌ Löwe
♍ Jungfrau
♎ Waage
♏ Skorpioen
♐ Schütze
♑ Steinbock
♒ Wassermann
♓ Fische

GLOSSAR

Akasha – Das herausragende und zarteste Element (der 5 Elemente Indiens). Es bedeutet wörtlich übersetzt „Raum“, „Leere“, „das alles Durchdringende“.

Alchemie – Esoterische Wissenschaft, die mit den hermetischen Schriften, der Physik und Chemie arbeitet. Ein Alchemist strebt danach, den Stein der Weisen und das Lebenselixier zu finden, die beide außergewöhnliche Qualitäten besitzen. Die persönliche Entwicklung auf dem Weg zu diesem Ziel ist jedoch noch wichtiger.

Altar – Kleine, flache Oberfläche, z.B. ein Tischchen, auf dem magische Gegenstände liegen. Wird für die Ausführung von Ritualen benötigt.

Amulett – Ein magisch aufgeladener Gegenstand, der zum Schutz dient.

Anaximander – Griechischer Philosoph (611 - 547 v.Chr.) Er unterstellte, daß das Apeiron, das Unbenennbare, die göttliche Quelle ist.

Anaximenes – Griechischer Philosoph (585 - 528 v.Chr.). Er hielt die Luft für das Urelement.

Ankh – Das ägyptische Symbol für Leben, Liebe und Wiedergeburt.

Aristoteles – Griechischer Philosoph (384 - 322 v.Chr.). Er entwickelte die Theorie der vier Elemente und der Transmutation und sah den Äther als fünftes Element.

Ásatrú – Eine Strömung, die zum germanischen Heidentum zählt.

Astrale Projektion – Alles, was in der feinstofflichen Welt geschieht und daher nicht mit unseren 5 physischen Sinnen, wohl aber mit dem 6. Sinn, wahrgenommen werden kann.

Astralkörper – Der Lichtkörper oder feinstoffliche Körper, den jeder Mensch hat. Er ist mit dem irdischen Körper mit einer Art Band (Silberschnur) verbunden.

Astralreise – Das Bewegen durch Dimensionen, die außerhalb der irdischen Zeit und des irdischen Raums liegen. Reisen auf der Astralebene, die auch die vierte Dimension genannt wird.

Aszendent – Das Tierkreiszeichen, welches während der Geburt am östlichen Horizont erscheint.

Äther – Das fünfte Element. Geist.

Aura – Eine Sphäre, die jedes lebende Wesen um sich hat und in der sich Erfahrungen, Charakter und Veranlagung zeigen.

Austreten – Aus dem physischen Körper heraustreten, um sich einige Zeit auf der Astralebene zu bewegen.

BDS (BOS) – Buch der Schatten (Book of Shadows). Handgeschriebenes magisches Arbeitsbuch mit Sprüchen, Formeln und Rezepten einer Hexe.

Beltane/Beltaine – Fruchtbarkeitsfest am 1. Mai, welches am Abend zuvor gefeiert wird. Eine von 8 Sabbaten.

Besen – Bekanntes Hexensymbol. Wird für Reinigungsrituale zur Entfernung unerwünschter Energien verwendet.

Brown, Yull (1922- 1998) – Wissenschaftler, der das Brown'sche Gas (ca. 1970) entdeckte.

Caduceus – Alchemistisches Symbol, welches Dualität bedeutet. Zugleich Symbol des Handels, der Heilkunde und der Kommunikation.

Cerealoge – Kornkreisforscher.

Chant – Rhythmisches Wiederholen eines Reims oder Spruchs, mit oder ohne instrumentale Begleitung.

Coven – Hexenkreis, traditionell aus mindestens 3, maximal aber 13 Hexen bestehend, die Hohepriesterin mitgezählt. Gegenwärtig gibt es jedoch auch größere Hexenkreise.

Deosil – Im Uhrzeigersinn.

Druidentum – Naturnahe Lebensweise, vor allem mit keltischen Einflüssen, häufig in Gruppenverbänden, wobei die Belange von Mutter Erde im Mittelpunkt stehen. Auch die Entwicklung der Kreativität spielt eine wichtige Rolle. Druide können Sie über einen Einweihungsweg mit verschiedenen Graden werden.

Eklektische Hexerei – Mix aus verschiedenen (Hexen-)Traditionen. Eine eklektische Hexe nutzt sowohl schamanische als auch druidische Elemente in ihren Ritualen, etwa indem sie Totemtiere mit dem keltischen Baumorakel kombiniert.

Elemente – Erde, Feuer, Wasser und Luft. Die im Westen gebräuchlichen Bezeichnungen stammen vom griechischen Philosophen Empedokles.

Eleusismysterien – Gebunden an den Demeter-Kult, dessen Zentrum sich in Eleusis befand, daher der Name. Eleusis ist ein wichtiger Ort im Mythos von Demeter und Persephone. Auch als Demeter-Kult bezeichnet.

Empedokles – Griechischer Philosoph (494 - 434 v.Chr.), der den Begriff der vier Elemente erdachte.

Erde – Element mit der größten Dichte aller Elemente, welches den anderen Elementen Stabilität und Form gibt.

Erdstrahlen – Auch als Elfen- oder Trollinien bekannt. Diese Linien haben eine starke Energie, oft negativ, und verlaufen wie ein Netzwerk rund um die Erde.

Erdzeichen – Tierkreiszeichen mit irdischen Eigenschaften: Stier, Jungfrau, Steinbock.

Esbat – Mondfest, meist bei Vollmond, wenngleich manche Hexen auch an Neumond Esbat feiern.

Feuer – Eines der vier (fünf) Elemente. Korrespondiert mit Themen wie Transformation, Sehnsucht, Wille, Kreativität, Erkenntnis.

Germanisches Heidentum – Eine Strömung, in der die germanische Mythologie eine wesentliche Rolle spielt. Daneben sind die Natur, die Menschen, die Sprache und die Geschichte von großer Wichtigkeit.

Heraklit von Ephesus – Griechischer Philosoph (ca. 540 - 480 v.Chr.). Er hielt das Feuer für den Anbeginn von allem.

Hermetische Schriften (Corpus Hermeticum) – Man nimmt an, daß diese Schriften geheime Informationen der ägyptischen Mysterienschulen über Alchemie, Astrologie, Mathematik, Physik, Baukunst und Magie enthalten. Sie sollen von dem ägyptische Gott Thot zusammengestellt worden sein, der im Griechischen Hermes (Hermes trismegistus) genannt wurde.

Hexe – Das Wort 'Hexe' kommt ursprünglich aus dem althochdeutschen hagetisse oder haechdisse. Eine hagetisse (hagezussa, hagadessa) war jemand, der auf Hecken oder Zäunen ritt, also auf der Grenze zwischen den Welten. Es gibt verschiedene Arten von Hexen, u.a. Solohexen und Wicca's. (Darüber mehr in meinem Buch *Alte Traditionen – Moderne Hexen*).

Hexerei – Manche Menschen nennen es eine Religion, man kann Hexerei aber einfach nur als eine Lebensweise auffassen. Diese Lebensweise studiert natürliche Prozesse und hält die natürlichen Abläufe in Ehren, nutzt aber auch ganz praktisch Methoden wie das Wahrsagen oder die Magie. Rituale dienen dazu, mit den Kreisläufen der Natur und des Menschen selbst in Harmonie zu kommen. Rituale werden meistens an den Höhepunkten der Jahreszeiten, während der Höhepunkte des Mond- oder Sonnenzyklus, und an wichtigen Stationen des Lebens vollzogen.

Hippokrates – Griechischer Philosoph (460-377 v.Chr.). Legte die vier Temperamente und die vier Körpersäfte fest.

Imbolc/Oimelc – Jahresfest, gefeiert am 1. oder 2. Februar. Dabei wird die keltische Göttin Brigid verehrt. Aussaatfest, welches nach der Geburt der ersten Lämmer gefeiert wird.

Jul – Jahresfest am 21. Dezember, bei dem die Rückkehr des Lichts gefeiert wird.

Jung, Carl Gustav – Schweizer Psychiater (1875-1961), der seine analytische Psychologie auf die Basis der vier Elemente stellte.

Kelch (chalice) – Weibliches Element, das zugleich das Element Wasser symbolisiert.

Kessel (cauldron) – Symbol für die Göttin, für Wiedergeburt, Unsterblichkeit und für das Element Wasser. In dem Kessel wird ein Feuer entzündet, worin rituell Gegenstände verbrannt werden, etwa Papier mit aufgeschriebenen magischen Formeln.

Konsekrieren – Weihen/segnen eines Gegenstandes mit Energie.

Kornkreise – Kreise und Abbildungen (Piktogramme), die auf geheimnisvolle Weise spontan in einem Kornfeld entstehen, wahrscheinlich unter Einfluß sehr starker Energien.

Kreis – Magischer Raum, in dem die Hexe ihre Rituale ausführt.

Kundalini (Feuerschlange) – Energieform, die etwa durch Tantra geweckt wird und mit der die Einswerdung mit dem Göttlichen erreicht wird.

Lebenselixier – Begriff aus der Alchemie. Ein Trank, der ewiges Leben verleiht.

Leylinien – Auch als Drachenwege bekannt. Sie sind Linien mit starker Energie, oft positiv, die in einem Netzwerk über die ganze Erde verlaufen. Es handelt sich um Kraftorte, wo häufig wunderliche Erscheinungen gesichtet werden.

Luft – Eines der vier (fünf) Elemente. Korrespondiert mit den Themen Kommunikation, Reisen, Verbindung, Analysieren, Gedanken.

Lughnasadh/Lammas – Jahresfest um den 1. August, bei dem die Getreideernte gefeiert wird.

Luzider Traum – Ein Traum, in dem Sie wissen, daß Sie träumen, wodurch Sie den Traum bis zu einem gewissen Punkt steuern können.

Mabon – Jahresfest am 21. September, dem Herbstäquinoktium. Ein Dankfest zum Abschluß der Ernte.

Magie – Das Beeinflussen von Energie durch Kombination der eigenen mentalen Energie mit verschiedenen Hilfsmitteln. Auch: Verehrung der Götter. Im Englischen wird der Begriff magick mit ‚ck' geschrieben, im Unterschied zum von Illusionisten angewendeten Wort magic.

Magnetisieren – Mit Energiestrahlen verstehen.

Mithraskult – Kult, der vor allem von Männer ausgeübt und im Jahre 395 verboten wurde.

Naturphilosophen – Philosophen, die sich mit Theorien rund um die Naturbegriffe Erde, Wasser, Feuer und Luft beschäftigen.

NTE – Nahtod-Erfahrung.

OBE – Out of Body Experience, siehe unter Austreten.

Ostara – Jahresfest, Frühjahrsäquinoktium am 21. März.

Paganismus – Allgemeiner Begriff für Heidentum bzw. seine modernen Erscheinungsformen (auch Neuheidentum). Dazu zählen etwa die Hexerei und Wicca, Druidentum, germanisches Heidentum und Schamanismus.

Paracelsus – Alchemist, Astrologe und Naturheilkundiger (1493-1541). Prägte den Begriff *tria-prima* (Alchemie) und beschrieb die Naturwesen.

Pentagramm – Fünfzackiger Stern, das wohl bekannteste Hexensymbol. Die fünf Spitzen symbolisieren Erde, Wasser, Luft, Feuer und Geist (Äther).

Pentakel – Pentagramm auf einer Scheibe, die auf dem Altar liegt und die Erde symbolisiert. Auf dieser Scheibe werden magische Handlungen vollzogen.

Plato – Griechischer Gelehrter (ca. 427-347 v.Chr.). Entdeckte die fünf platonischen Formen.

Präzession – Die Kreiselbewegung der Erdachse. Ein Präzessionszyklus dauert ca. 25920 Jahre.

Qadishtu (Nu-gig) – Babylonische Tempelpriesterinnen.

Ragnarök – Der Endkampf der germanischen Mythologie, in dem die Feuerriesen alles in Brand setzen und so den Weltuntergang bewirken.

Reiki – Universelle Lebensenergie.

Runen – Magische Schriftzeichen, die unter anderem in der Bindungsmagie, einer sehr starken Magieform, aber auch in der Wahrsagerei verwendet werden.

Sabbat – Jahresfest. Er es gibt acht Jahresfeste: Imbolc, Beltaine, Lughnasadh, Samhain, Mabon, Litha, Ostara und Jul.

Samhain (Halloween) – Jahresfest, welches am 31. Oktober gefeiert wird und den Winter einläutet. Für Hexen ist dieser Tag der Beginn ihres neuen Jahres (Hexenneujahr).

Schamanismus – Uralte, jetzt wieder populäre spirituelle Strömung, welche die Weisheiten der Schamanen aus aller Welt (Nordamerika, Afrika und Sibirien) bezeichnet. Der Neoschamanismus kombiniert unterschiedliche Richtungen miteinander.

Schwitzhütte (Inipi) – Schamanistischer Brauch, der vor allem von den nordamerikanischen Indianern gepflegt wird und nun auch im Westen immer mehr Anhänger findet. Die Hütte versinnbildlicht den Bauch der Mutter Erde und wird derart aufgeheizt, daß man in eine Art Trance verfällt.

Shapeshifting – Gestaltwandeln. Englischer Begriff für das Verändern der eigenen Gestalt (z.B. Verwandlung in einen Raben oder Adler), wie es vor allem von Schamanen praktiziert wird.

Stab – Magisches Werkzeug aus Holz. Eine moderne Hexe benötigt zwei Stäbe, einen kurzen und einen langen, die für jeweils andere Zwecke verwendet werden.

Stein der Weisen – Begriff aus der Alchemie. Die Formel, die einfache Metalle in Edelmetalle (Gold) transformiert.

Steinkreise – Hiermit werden sowohl einheimische Hünengräber als auch die großen keltischen Steinkreise (Stonehenge, Avebury in Großbritannien) und die megalithischen Monumente (Menhire) etwa in Frankreich bezeichnet. Bisher ist noch nicht eindeutig nachgewiesen, wozu diese Kreise dienten. Die einen halten sie für Begräbnisstätten, andere für Kalender.

Sterndeuterei – Eine Mischung aus Astrologie, Astronomie und Wahrsagen, wie sie u.a. in Babylonien praktiziert wurde.

Tantra – Eine Kombination östlicher Spiritualität, Sexualität und ritueller Magie, die viel Übung hinsichtlich Technik und Selbstbeherrschung verlangt.

Tattwas – Sanskrit-Wort für die elementaren Uranfänge. Bedeutet wörtlich ‚die Das-heit'. Es kursieren unterschiedliche Definitionen, doch meist werden mit Tattwa die fünf auch im Westen bekannten Elemente gemeint: Erde, Wasser, Luft, Feuer und Äther.

Thales – Griechischer Naturphilosoph (ca. 624-545 v.Chr.) Er glaubte, alles sei aus dem Element Wasser entstanden.

Tierkreis (Zodiac) – Die Bahn, in der die zwölf Tierkreiszeichen sich bewegen.

Tierkreiszeichen – Zwölf Segmente von jeweils 30° (zusammen 360°, die jährliche Umlaufbahn um die Sonne) die ihre Namen nach uralten Sternbildern erhielten. Die Tierkreiszeichen sind infolge der Präzession allerdings nicht mehr deckungsgleich mit den Sternbildern.

Trancereisen – Eine schamanische Meditationstechnik.

Wahrsagen – Wahres sagen, die Zukunft vorhersagen, Einsicht gewinnen mit Hilfe bestimmter Hilfsmittel.

Walpurgisnacht – Jahresfest, welches vor allem deutsche Hexen am 30. April feiern.

Wasser – Eines der vier (fünf) Elemente. Korrespondiert mit Themen wie Gefühle, Emotionen, Liebe, Häuslichkeit.

Wicca – Religiöse Strömung innerhalb des Paganismus und der Hexerei. Wicca gilt als Priesterschafts- bzw. Einweihungsreligion. Wenngleich Hexerei und Wicca häufig als dasselbe angesehen werden, gibt es wichtige Unterschiede. Wiccas nennen sich allerdings auch Hexen.

Winti – Surinamischer Naturglaube, in dem Luft- und Erdgeister eine wesentliche Rolle spielen.

Zarathustra (Zoroaster) – Altpersischer Prophet und Religionsstifter, der vor rund 2000 Jahren lebte. Begründer des Mazdaismus, eine Religion, die das Feuer in den Mittelpunkt stellt.

Zauber – Magische Handlung in Kombination mit einem Spruch.

LITERATUR

in deutscher Sprache (Auswahl; ergänzt durch die Übersetzerin)

Astrologie / Mond

Astrologie für Einsteiger – Marian Bollen. Iris, Amsterdam 2000

Vom richtigen Zeitpunkt. Die Anwendung des Mondkalenders im täglichen Leben – Johanna Paungger / Thomas Poppe. Irisana, München 28./1996

Divination

Das große Pendelbuch – Petra Sonnenberg. Iris, Amsterdam 1998

Das praktische Pendelset für Einsteiger – Petra Sonnenberg. Iris, Amsterdam 1999

Runen als Wegbegleiter – Magdalena Caland. Iris, Amsterdam 1997

Arbeiten mit den Wahrsagekarten von Mademoiselle Lenormand – Christiane Renner. Iris, Amsterdam 2002

Tarot

Tarot als Lebensweg – Karen Hamaker-Zondag. Iris, Amsterdam 2002

Was die Karten uns verraten – Petra Sonnenberg. Iris, Amsterdam, 2003

Kräuter, Öle, Blumen und Bäume, Edelsteine

Aromatherapie – Julia Lawless. Könemann, Köln o.J.

Die spirituelle Kraft der Bäume – Petra Sonnenberg. Iris, Amsterdam 1999

Dumont's Große Kräuter – Enzyklopädie. DuMont, Köln 2./1996

Enzyklopädie der Naturheilmittel – C. Norman Shealy. Könemann, Köln o.J.

Das Große Lexikon der Heilsteine, Düfte und Kräuter. Methusalem, Neu-Ulm 8./2000

Heilende Steine von A-Z – Petra Sonnenberg. Iris, Amsterdam 2000

Magie der Blumen – Eva Sawada. Iris, Amsterdam 2001

Weihrauch – Erna Droesbeke. Iris, Amsterdam 1998

Götter und Göttinnen
Ägyptische Mythologie – Günther Roeder. Komet, Frechen 2000
Lexikon der abendländischen Mythologie – Otto Holzapfel. Herder, Freiburg 1993

Wicca und Hexerei
Alte Traditionen – Moderne Hexen – Claudia van der Sluis. Iris, Amsterdam 2001
Besen und Pentagramme. Handbuch für junge Hexen – Minerva. Iris, Amsterdam 2001
Handbuch für Hexen – Noud van den Eerenbeemt. Iris, Amsterdam 3./2000
Kleines Lexikon des Hexenwesens – Ditte und Giovanni Bandini. dtv, München 2000
Das neue Lexikon des Aberglaubens – Walter Gerlach. Eichborn, Frankfurt/M. 1998
Von Abrakadabra bis Zodiakus. Lexikon des Aberglaubens und der magischen Künste – Christina Zacker. Falken, Niedernhausen 2000
Wicca – Die alte Religion im neuen Zeitalter – Vivianne Crowley. Edition Ananael, Bad Ischl 2./1998

Verschiedenes
Kerzen-Zauber – M.E.Caland. Iris, Amsterdam 1999
Lexikon des Geheimwissens – Horst E. Miers. Goldmann, München 1993
Lexikon der Symbole – Wolfgang Bauer u.a. Heyne, München 14./1997
Die Lehren des Don Juan – Carlos Castaneda. Fischer, Frankfurt 1998
Muscheln und Schnecken der Weltmeere – Gert Lindner. BLV, München 5./1999

in englischer Sprache

Earth, air, fire & water – Scott Cunningham. Llewellyn, Minnesota 2002
Earth, Water, Fire and Air – Cait Johnson. Skylight Paths Publishing, Woodstock 2003
Encyclopedia Of Magickal Herbs – Scott Cunningham. Llewellyn
The curious lore of precious stones – George Frederick Kunz. Dover Publications, New York, 1913

The Great Cosmic Mother, rediscovering the religion of the earth – Monica Sjöö & Barbara Mor. Harper & Row 1987
Wisdom of the elements, the sacred wheel of Earth, Air, Fire and Water – Margie McArthur. The Crossing Press, 1998

Software

Astroscoop Plus, astrologische Software für Windows XP/95/NT, Schors, Amsterdam (niederländisch)

Video

Contact with the unknown intelligence behind the crop circles – Bert Janssen (PAL-video)
Crop Circles; The Research – Bert Janssen (PAL-video)

QUELLEN

Zeichnung der sich wandelnden Elemente S. 9, Chakren S. 83: Mariëlle Lens und Claudia van der Sluis
Sonstige Zeichnungen: Mariëlle Lens
Rezepte Liebescreme, Liebesöl, tantalisierendes Tantraöl S. 125: Irina Tudor
Fotos: Ronn van Dinther
Kraftritual mit Drachen S. 93: Dirk Joris (Dragao) und Gonneke Kalker (Deliah)
Feuerschutzritual, Kurzes Ritual zur Entspannung, Feuerspruch zur Bekräftigung nach einem Ritual, Rosmarin-Schutzzauber: Diane Wiltens (Whiteshadow)
Feuerritual mit Steinen: Gonneke Kalker (Deliah)
Sonstige Rezepte, magische und rituelle Rezepte und Informationen auf S. 135: José Zwaneveld
(Zwaantje's essentiële oliën, Tobias M.C. Asserstr. 1, 1063 NB Amsterdam, Tel. 020-6130688, Fax 020-6145878, zwaancub@xs4all.nl)

Fragen, Anregungen und Sonstiges zu diesem Buch:
www.claudiavandersluis. nl

DANKESWORT

Dank an Floris Methorst, Nederlandse vereniging tot Wetenschappelijk Onderzoek van de Astrologie, und Jacob Ruijling, der mir wichtige Literaturhinweise gab und mir einen unvergeßlichen Nachmittag mit bezaubernder Klarinettenmusik und tiefgründigen Gedichten in Spanisch, Deutsch, Französisch und Latein bescherte. Seine Weisheit, seine Tarotlegung und die Chaldäische Astrologie, die er anwendete, haben einen großen Einfluß auf meinen weiteren Lebensweg.

Dank auch an Irina Tudor, Sten Oomen, Janine van Riet, Mara de Weiß, Molaris, Scathach, Iris, Dragao, Jessie, Elisaday und Whiteshadow, die mir mit Rat und Tat, Rezepten, Methoden und Informationen halfen. Das gleiche gilt für Franciska van Soelen und Jolien Ritter.Auch die Ildancher waren dieses mal mit ihren Reimen wieder mit von der Partie, genauso wie mein lieber Freund Walter und der Astrologe Lyke Bagaya. Diana Zijlmans war mir mit ihren weisen Worten über das Medizinrad unverzichtbar. José Zwaneveld, Aromatherapeut, half mir mit Hinweisen über ätherische Öle und verschaffte mir allerlei Hausmittelchen und Rezepte.

Ich danke auch Remco und Hrodger Fréjawin für ihren Beitrag über das Germanische Heidentum und Ronn van Dinther und Gonneke Kalker (Deliah), die gemeinsam die schönen Fotos machten. Gonneke hat darüber hinaus einen maßgeblichen Anteil an diesen Büchern, weil sie so reizend war, mir ihre eigenen, sehr persönlichen Ritualen zu verraten.

Jur war wie immer wieder ein wundervoller Ratgeber. Mit seinem Wissen über Astronomie und Mathematik und seinem Interesse an den Mysterien konnte er mir immer wieder weiterhelfen und mir Feedback geben.

Ein besonderer Dank gilt meinem Verleger für seine Begeisterung, sein Vertrauen und seine Geduld.

Herzlichen Dank Euch allen!

ANMERKUNGEN

1. Bei paganistischen Festen unterscheidet man germanische und keltische Feste. Die germanischen Feste fallen auf den Zeitpunkt des Äquinoktiums, der Tag-und-Nachtgleiche, bzw. auf den längsten oder kürzesten Tag. Wegen ihrer Beziehung zur Sonne werden sie auch Feuerfeste genannt. Diese vier Tage betrachtet man noch heute als Beginn einer jeweils neuen Jahreszeit. Die keltischen Feste werden nicht zu bestimmten Zeiten gefeiert, fallen also jeweils durchaus auf unterschiedliche Daten. Signale für den Beginn des Festtages sind hier mehr Veränderungen und Zeichen in der Natur. Heute werden solche Feste von Anhängern der Naturreligionen und von modernen Hexen gefeiert. Man macht aber sehr wohl Unterschiede zwischen wichtigen und weniger wichtigen Festen.

2. Das Tarot, welches Sie als eine Art Lebensbuch in Bilder betrachten können, ist in zwei so genannte Arkanas gegliedert. In den Großen Arkana sind die Archetypen des Lebens dargestellt. Diese Archetypen sind uralte, kollektive Bilder, die jeder Mensch kennt wie etwa die Mutter (III - Die Herrscherin) oder den Vater (IV - Der Herrscher), die Waage (VIII - Gerechtigkeit). Die Großen Arkana bestehen aus 22 Karten mit tiefer symbolischer Bedeutung. Die Kleinen Arkana bestehen aus 56 Karten, die tagtägliche Begebenheiten wiedergeben, Situationen, die jeder gut kennt. Das Tragen einer schweren Last beispielsweise (Stäbe 10) oder Spaß haben (Kelche 3). Die Kleinen Arkana gliedern sich in vier Farben, die jeweils ein Element als Baustein unseres irdischen Lebens symbolisieren:
Schwerter (Dolche) – Luft; hier geht es um Gedanken, Entscheidungen, Einsichten.
Stäbe – Feuer; hier geht es um Transformation, Energie, Aktion, Kraft, Lebensfreude, Aggression, Wille, Leidenschaft.
Kelche (Becher, Pokale) – Wasser; hier geht es um Gefühle, Emotionen, Vorstellungen, Phantasie.

Münzen (Pentakel, Scheiben) – Erde; hier geht es um Finanzangelegenheiten, Arbeit, Balance finden, Talente entdecken und entwickeln, Belohnungen.
Prüfen Sie beim Kartenlegen zunächst, wie stark die Energien strömen. Verspüren Sie eher eine nach außen strebende, aktive Energie oder eher eine nach innen wirkende, passive Energie?
Feuer und Luft sind beide beweglich, also aktiv. Sie können geradezu die flackernden Flammen vor sich sehen oder die Wolken, die vom Wind getrieben werden. Erde liegt still da und Wasser versickert im Boden, beide sind passiv.

3. Es ist nicht immer nötig, einen Kreis zu ziehen, erst recht nicht, bei einfachen rituellen Handlungen. Prüfen Sie sich selbst, ob Sie bei einem bestimmten Ritual ein Schutzbedürfnis haben. Wenn Sie sich beispielsweise auf eine andere Bewußtseinsebene begeben, ist es sicherer, einen Kreis zu ziehen. Diesen können Sie sich wie eine schützende Kugel um sich herum vorstellen. Ziehen Sie den Kreis mit dem Zeigefinger im Uhrzeigersinn und visualisieren Sie, daß nichts und niemand ohne Ihre Zustimmung diesen Kreis betreten darf. Wenn Sie Ihr Ritual beendet haben, heben Sie den Kreis in umgekehrter Richtung wieder auf.

ISBN 90-6361-011-4

ISBN 90-76274-19-3

Claudia van der Sluis

DIE VIER ELEMENTE

Kräfte und Eigenschaften der vier Elemente

ISBN 90 6361-018-1

ISBN 90 6361-019-X

ISBN 90 6361-021-1